사소한 질문들

45억 년 지구의 역사와 진화에 대한 과학

사소한 질문들

김은정 글·그림 | 이수종 감수

한권의책

> 저자의 글

두근두근, 사소한 질문들…

어느 날 어류가 팔다리가 생겨나 양서류로 진화하면서 지구의 육지에 처음으로 동물이 등장하게 되었다는 다큐멘터리를 보다가 '어! 곤충도 동물인데, 양서류보다 벌레나 곤충이 먼저 육지에 있지 않았나?' 하는 생각이 들었어요. 책이나 인터넷을 뒤져서 무척추동물인 벌레나 곤충이 양서류보다 훨씬 오래전부터 육지에 살았다는 것을 확인했어요. '그럼 양서류는 뭐지?' 찾아보니 양서류는 '육지에 처음 살았던 척추동물'이 답이에요. '그런데 왜 양서류가 최초의 육지 동물인 것처럼 얘기하지?' 이 질문의 답은 곤충학자가 쓴 책에 있었어요. "세상을 인간이 속한 척추동물 중심으로 생각하는 관점이다." 벌레나 곤충은 은근히 무시한다는 것이지요.

이렇게 질문이 떠오르고 답을 찾아 나서는 순간이 되면 보물 지도를 들고 보물섬을 찾으러 떠나는 것처럼 두근두근 설레지요. 과학에는 대부분의 질문에, 특히 사소한 질문일수록 답이 있어요. 그리고 그 답 속에 늘 새로운 질문이 들어 있으니 이 모험은 쉽게 끝나지 않을 거예요. 이제 함께 보물섬을 찾으러 출발할까요? 여러분 각자의 보물 지도도 챙기세요. 네, 그거예요. 여러분이 평소에 궁금해했던 사소한 질문들!

저자 김은정

| 추천의 글 |

우리에게 힘을 주는 질문!

　좋은 이야기에는 힘이 있다. 그 속에는 유용한 지식이 담겨 있으며, 그 지식이 내 삶에 어떻게 관련되어 있는지 알 수 있게 해 준다. 《사소한 질문들》은 우리가 살고 있는 자연 속 생물과 지구를 둘러싼 대기와 우주에 관한 소소한 궁금증들을 다루고 있다. 책을 읽다 보면 마치 선생님이 이야기를 들려주는 것처럼 느껴진다. 이 선생님은 직접 칠판에 알록달록 그림을 그려 가면서 중요한 내용은 글로 정리해 주신다. 또한 이들을 씨줄과 날줄 엮듯이 우리가 넋을 잃을 만큼 재미있게 스토리텔링해서 가르쳐 주신다. 정신을 차리고 보니 난 그저 책을 읽었을 뿐이었다. 이렇게 재미있게 읽고 나면 내 기억 속에 방대한 지식들이 자연스럽게 차곡차곡 쌓이게 된다. 무엇보다 중요한 것은 이러한 지식들에 이야기로 다가갔기에 간식 보따리에서 맛난 것을 하나씩 꺼내 먹듯이 그때그때 지식을 줄줄이 꺼낼 수 있게 된다.
　자, 우리 함께 간식 보따리를 풀어 볼까요?

신연중학교 과학 교사 이수종

차례

저자의 글·추천의 글 4

익룡은 **공룡**이 아니라고요? 공룡 _8

공룡은 **별종**한 게 아니라고요? 새와 공룡 _12

공룡 뼈 화석은 **진짜 뼈**가 아니라고요? 화석 _18

고생대 지층에서 **공룡 화석**이 발견될 수도 있나요? 지질 시대의 구분 _22

공룡이 살던 때에는 **풀**이 없었다고요? 식물의 진화 _28

지금 **바다에 사는 물고기** 대부분은 **민물**에서 **바다**로 돌아간 거라고요? 척추동물의 육지 상륙 _32

잠자리와 **공룡** 중 누가 지구에 먼저 살았나요? 동물의 육지 상륙 _38

바닷속에 사는 **곤충**은 없나요? 곤충의 진화 _42

   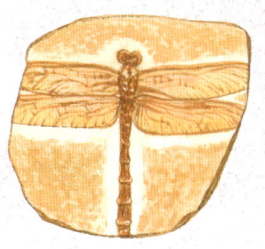 

하루살이는 입이 없다고요? 진화 _46

멍게가 말미잘보다 사람과 더 가까운 동물이라고요? 생물의 분류 _54

왜 지금의 나무는 석탄이 되지 않는 거예요? 미생물 _58

2억 년 뒤에는 지구의 대륙이 한 덩어리가 된다고요? 대륙의 이동 _62

오존과 온실가스는 좋은 건가요, 나쁜 건가요? 지구의 환경 _66

달에서는 낮에도 하늘이 까맣다고요? 지구의 대기 _70

처음 지구가 생겼을 때는 하루가 네 시간이었다고요? 자전과 공전 _74

아침에 뜨는 별이 있다고요? 별 _78

공룡

익룡은 공룡이 아니라고요?

다음 동물 중 공룡과 공룡이 아닌 것을 구별해 보세요.

익룡

어룡

디메트로돈

아파토사우루스

알로사우루스 매머드

　모두 공룡과 자주 혼동되는 지질 시대 동물들이에요. 이 중에 아파토사우루스와 알로사우루스를 뺀 나머지는 공룡이 아니에요. 공룡은 중생대에 육지에 살았던 파충류를 말해요. 그래서 물속에 살았던 수장룡이나 어룡, 모사사우루스는 공룡이 아니에요. 디메트로돈은 고생대에 살았고, 매머드는 신생대에 살았던 포유류라서 공룡이 아니에요. 익룡도 중생대에 살았던 파충류이지만 공룡은 아니에요. 악어나 도마뱀도 중생대에 육지에서 살았지만 공룡이라고 하지 않는 것과 같아요.

수장룡

모사우루스

익룡이나 도마뱀, 악어처럼 같은 시대에 육지에서 살았던 다른 파충류들과 공룡이 구별되는 이유는 몸의 구조가 다르기 때문이에요. 공룡은 다리가 아래쪽으로 곧게 뻗어 있어요.

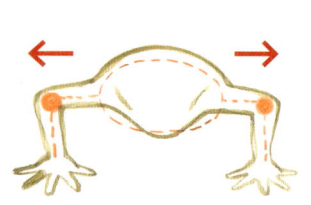
도마뱀

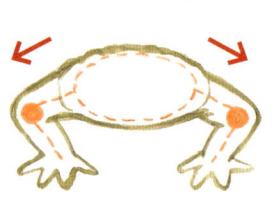
악어

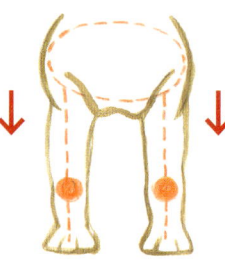
공룡

도마뱀과 악어는 공룡과 달리 다리가 몸의 양옆으로 뻗어 있어요.

공룡처럼 다리를 아래로 쭉 뻗고 몸을 세워서 두 발로 걸으면 숨 쉬기가 편해져 움직이면서도 숨을 쉴 수 있지요.

도마뱀은 다리가 몸통 양옆으로 뻗어 나와 있어서 걷거나 뛸 때 몸이 지그재그로 구부러지면서 흔들려요. 이런 모양은 움직일 때 폐가 눌려 숨 쉬기가 어렵지요. 그래서 걷는 동안에는 숨을 쉴 수가 없어요.

공룡의 다리가 다른 파충류들과 다르게 아래로 뻗은 이유는 엉덩이뼈와 허벅지뼈의 모양이 특이하기 때문이에요.

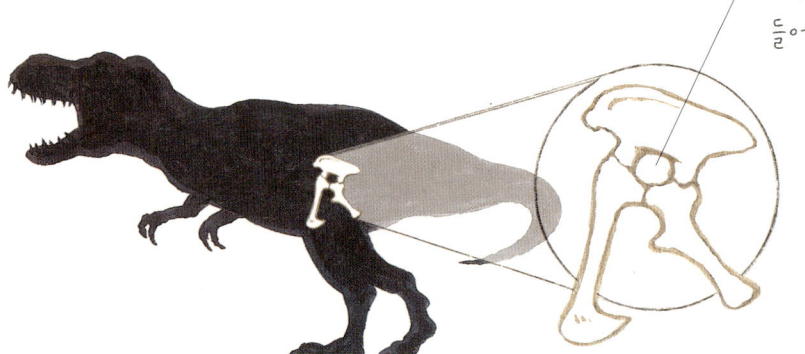

허벅지뼈 윗부분이 들어가는 구멍

공룡의 엉덩이뼈는 옆면에 큰 구멍이 나 있고 이 구멍에 허벅지뼈의 윗부분이 직각으로 꺾여 들어가 다리를 아래로 뻗을 수 있어요. 이 구멍은 지구상의 동물 중 공룡만이 가진 특징이에요.

최초의 공룡으로 알려진 부리올레스테스는 몸집이 닭 정도로 작고, 2억 3300만 년 전인 중생대 트라이아스기에 나타났어요.

부리올레스테스

다리를 아래로 뻗고 몸을 세워서 두 발로 걸으면 숨 쉬기가 편해 움직이면서도 숨을 쉴 수 있게 돼요. 공룡이 나타나기 시작했던 중생대 초기에는 지구에 산소가 별로 없어서 동물들이 숨 쉬기 힘들었던 때예요. 다른 파충류들과 달리 몸의 구조를 바꿔 처음으로 두 발로 걷기 시작한 것이 공룡이 번성할 수 있었던 이유예요. 나중에는 브론토사우루스, 켄트로사우루스처럼 네발로 걷는 공룡들이 등장하지만 이들 역시 두 발로 걷던 공룡 조상의 후손이에요.

" 중생대 중기(쥐라기)가 되면 산소의 양이 많아지고 기후도 좋아져요. 공룡들은 호흡에서 절약한 에너지를 몸을 불리는 데 사용하면서 몸집도 아주 커지고 종류도 다양해져요. "

켄트로사우루스

브론토사우루스

새와 공룡

공룡은 멸종한 게 아니라고요?

공룡에 관한 질문 중 가장 흔한 것이 바로 "공룡은 왜 멸종했나요?"일 거예요. 하지만 이 질문은 질문 자체가 맞지 않아요. 공룡은 멸종하지 않았으니까요. 중생대 말(백악기)에 대부분의 공룡이 사라졌지만 몇 종은 살아남았고, 지금도 우리와 함께 살아가고 있어요. 살아남은 공룡은 바로 새예요.

" 공룡은 조반류, 용각형류, 수각류, 이렇게 세 종류로 나뉘는데, 이 중 조반류는 아래턱에 부리를 지탱하는 뼈가 있는 공룡으로, 다시 검룡류, 각룡류, 조각류, 곡룡류, 네 종류로 나뉘어요. "

검룡류는 머리 뒷부분에서 등을 따라 꼬리까지 삼각형 모양의 골판이 발달되어 있어요. 그리고 꼬리에는 공격용이나 방어용 무기로 사용되었을 것으로 보이는 두 쌍의 골침이 박혀 있어요. 쥐라기에 번성한 스테고사우루스가 여기에 해당해요.

각룡류는 머리에 1~3개의 뿔이 달렸고, 두개골이 목 뒤쪽까지 이어져 있으며, 뼈로 된 부리가 있다는 점이 특징이에요. 백악기에 번성한 트리케라톱스가 여기에 속하는 공룡이에요.

조각류는 다리가 새와 비슷하게 생겼어요. 이구아노돈이 여기에 속해요.

스테고사우루스

트리케라톱스

이구아노돈

조반류

조반류와 용각형류, 수각류, 세 종류의 공룡 중 조반류와 용각형류는 중생대 말에 모두 멸종하고, 수각류 중 일부가 살아남았어요. 이때 살아남은 수각류 공룡이 새예요. 새는 공룡으로부터 진화한 공룡의 후손이 아니라 공룡의 한 종류인 거예요.

용각형류는 머리가 작고 목뼈가 최소한 10개 이상인 대형 초식 공룡으로, 브라키오사우루스가 여기에 속해요.

곡룡류는 네 다리가 짧고 등 부분이 딱딱한 골판으로 덮여 있어 마치 갑옷을 입은 듯한 형태가 특징이에요. 백악기에 번성한 안킬로사우루스가 여기에 속해요.

수각류는 두 뒷다리로 걷고, 앞 발톱이 낫처럼 휘어지고 날카로워요. 티라노사우루스가 대표적인 수각류 공룡이에요.

안킬로사우루스 브라키오사우루스 티라노사우루스

용각형류 수각류

19세기 영국의 과학자 토머스 헉슬리는 새와 공룡이 모두 두 발로 걷고 엉덩이뼈와 허벅지뼈 모양이 비슷해 둘이 연관이 있을 것이라고 생각했어요. 하지만 당시에는 공룡을 도마뱀과 비슷한 동물로 여겼기 때문에 그런 생각은 무시되었어요. 그러다 육식 공룡으로 분류된 데이노니쿠스와 시조새의 앞발목뼈가 비슷하다는 것이 밝혀지면서 새와 공룡의 연관성을 더 이상 무시할 수 없게 되었지요.

데이노니쿠스
백악기 전기에 살았던 육식 공룡이에요. 큰 개와 몸집이 비슷하며, 최근에 깃털 흔적이 남아 있는 화석이 발견되면서 데이노니쿠스도 깃털 공룡이라는 것이 밝혀졌어요.

반달 모양 앞발목뼈는 새의 특징이에요. 이 앞발목뼈 때문에 앞발을 옆으로 접을 수 있어요.

아르카이오프테릭스
처음부터 깃털이 보존된 채 발견되어 시조새라는 이름으로 알려졌지만 아르카이오프테릭스도 깃털이 달린 깃털 공룡이에요. 크기와 모습이 까마귀와 비슷한 육식 공룡으로, 쥐라기 후기에 살면서 하늘을 날았을 것으로 생각해요.

이후 앞발목뼈의 모양이 같은 육식 공룡 화석이 계속 발견되면서 수각류 공룡 중에서 이런 특징이 있는 공룡들을 모아 '마니랍토류'라는 새로운 공룡 무리로 분류하게 되었어요.

안키오르니스
쥐라기 후기에 살았던 사람 손바닥만 한 육식 공룡으로, 온몸이 깃털로 덮여 있고 시조새보다 더 오래전에 살았어요. 하늘을 날지는 못하고 나무 사이를 활공했을 것으로 생각해요.

미크로랍토르
백악기에 살았던 육식 공룡으로, 온몸이 깃털로 덮여 있어요. 뻣뻣한 꼬리로는 나무 사이를 활공할 때 중심을 잡고 뒷다리의 긴 깃털은 뽐내기용이었을 것으로 생각해요.

시노사우롭테릭스
백악기 전기에 살았던 고양이 정도 크기의 육식 공룡이에요. 목 뒤부터 꼬리 끝까지 솜털 같은 깃털이 보존된 화석이 발견되어 일부 공룡에게 깃털이 있었다는 사실을 처음으로 알려 준 공룡이지요.

공룡의 화석이 처음 발견되기 시작한 때부터 최근까지도 공룡이 도마뱀처럼 비늘이 있는 파충류라고 생각한 것은 깃털의 흔적이 화석으로 잘 남아 있지 않았기 때문이에요. 하지만 최근에는 깃털 흔적이 보존된 공룡 화석이 수없이 발견되고 있어 새가 공룡의 한 무리라는 것이 기정사실이 되었어요.

하늘을 날고, 둥지를 짓고, 앞다리를 구부릴 수 있고, 뼈 속에 공기 구멍이 있는 등 수많은 해부학적·생태학적 공통점이 있을 뿐만 아니라 깃털도 있으니 둘이 다르다고 하는 게 더 이상하지요.

메이
백악기 전기에 살았던 잡식성 공룡이에요. 몸집은 작은 새만 해요. 머리를 앞다리 밑으로 넣고 새처럼 자는 모습의 화석으로 발견되었어요.

딜롱

2004년 중국에서 발견된 티라노사우루스의 조상 공룡이에요. 몸집이 비버만 하고 온몸이 원시 깃털로 뒤덮인 깃털 공룡이에요.

티라노사우루스는 대표적인 수각류 공룡이에요. 티라노사우루스의 조상 공룡인 딜롱이 원시 깃털을 가지고 있었다는 것이 밝혀지면서 일부 과학자들은 티라노사우루스도 깃털이 있지 않았을까 생각하고 있어요. 어쩌면 공룡이 처음부터 깃털을 가진 채 나타난 게 아닐까 추측하기도 해요.

" 중생대에 공룡이 멸종했다고 알려져 있지만 신생대 초기의 최고 포식자는 여전히 공룡이었어요. 중생대 말 대멸종기를 작은 몸집으로 견뎌 낸 수각류 중 조류형 공룡은 거대 공룡이 사라진 생태계의 빈자리를 차지하면서 점차 몸집을 키웠어요. 신생대 이후 풀이 등장하면서 초식 포유동물의 크기가 커지고, 따라서 녀석들을 사냥하는 육식 포유동물도 커지고 강해지자 날지 못하는 거대 조류는 점차 경쟁에서 밀려나게 되었어요. 결국 멸종하거나 살아남기 위해 다시 몸집을 줄여야 했어요. "

디아트리마

키가 2m 정도이고 날개가 퇴화해 날지 못하는 거대 조류예요. 작은 포유류를 잡아먹는 신생대 초기 최고 포식자였어요.

메소히푸스

신생대 초기에 살았던 말의 조상으로, 큰 개 정도의 크기예요.

사랑앵무

벌새

"현재 우리와 함께 살고 있는 새들은 모두 수각류 공룡 중 마니랍토류로, 멸종하지 않고 살아남은 공룡이에요."

백악기 말 대멸종 때 공룡들만 타격을 받은 건 아니에요. 익룡이나 해양 파충류가 완전히 멸종했고, 곤충의 40%, 악어의 50%도 사라졌어요. 포유류도 90%가 멸종했는데 이때 살아남은 10%가 사자, 사슴, 고래, 또 사람으로 진화했으니 우리는 상당히 운이 좋았다고 볼 수 있지요.

그런데 포유류만 운이 좋았다고 할 수는 없어요. 왜냐하면 살아남은 조류형 공룡도 포유류 못지않게 환경에 적응하며 진화했어요. 지금까지 알려진 새의 종류가 거의 1만 종으로, 5400종인 포유류보다 2배나 많으니 아직까지 공룡의 시대라고 해도 그리 틀린 말은 아닐 거예요.

흰머리솔개

홍학

황제펭귄

화식조

타조

화석

공룡 뼈 화석은 진짜 뼈가 아니라고요?

공룡 뼈 화석은 정확히 말하면 뼈 모양의 돌이에요. 땅속에 묻힌 뼈가 오랜 시간 열과 압력으로 성분이 바뀌는 치환 작용이 일어나 돌이 된 것이 화석이거든요. 화석이라는 말도 '돌이 되다'라는 뜻이고요. 하지만 넓은 의미의 화석은 지구상에 살았던 생물의 모든 흔적을 포함해요.

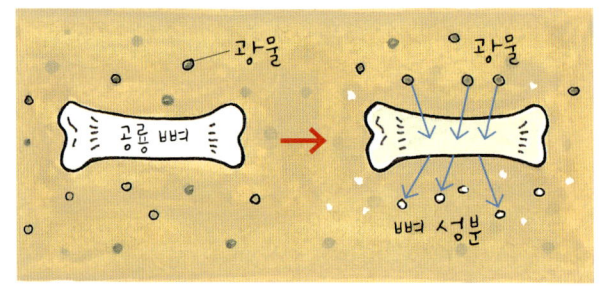

오랜 시간이 지나면 흙 속에 있던 광물은 뼈 속으로, 뼈 속에 있던 성분은 흙 속으로 자리를 바꾸면서 뼈가 돌 성분으로 가득 차 딱딱하게 변하는 것을 치환 작용이라고 해요.

" 생물의 형태가 보존되기 쉬운 곱고 부드러운 퇴적암은 잘게 부서진 바위나 돌멩이가 비와 바람에 쓸려 바다나 호수 같은 물속에 가라앉아 쌓이면서 만들어져요. 그래서 화석은 예전에 바다나 호수였던 퇴적암 지층에서 주로 발견돼요. "

화석이 만들어지는 과정

1. 물고기가 죽어서 바다 밑바닥에 가라앉아요.

2. 죽은 물고기의 부드러운 살은 녹아 없어지고 남은 뼈 위에 흙이나 모래 같은 퇴적물이 쌓여요.

3. 퇴적물이 계속 쌓여 열과 압력을 받게 되고 뼈가 광물로 채워져 돌처럼 굳어요.

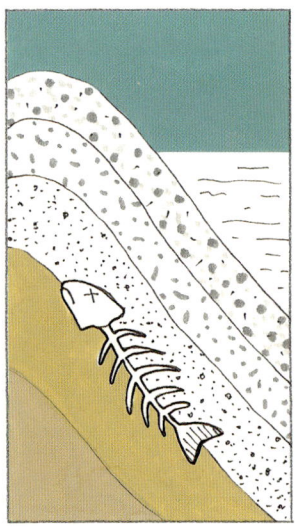

4. 바닷속에 있던 지층이 지각 변동으로 육지 위로 솟아올라요.

5. 비나 바람에 지층이 깎이면 묻혀 있던 화석이 드러나요.

　이런 과정으로 화석이 되기 때문에 뼈와 껍데기, 이빨 등 딱딱한 부위가 주로 화석으로 남게 되지만 나뭇잎이나 동물의 피부, 깃털의 형태가 남기도 해요. 드물게는 조갯살이나 지렁이 같은 부드러운 부분이 남아서 발견되기도 하고요. 또 광물로 치환되지 않은 화석들도 있어요. 석탄처럼 탄화된 식물, 소나무의 송진이 돌처럼 굳은 호박(호박에 포함된 곤충), 시베리아의 얼음 속에서 냉동된 채 털까지 그대로 발견된 매머드도 있지요.

　또 다른 형태의 화석도 있어요. 생물 자체가 아니라 생물 활동의 흔적이 화석이 된 것인데, 이런 화석을 흔적 화석이라고 해요. 공룡 발자국, 지렁이가 기어 다닌 자국, 새의 둥지 구멍 등이 있어요. 이런 흔적 화석은 생물의 생활 모습에 대한 여러 가지 정보를 주지요.

흔적 화석이 만들어지는 과정

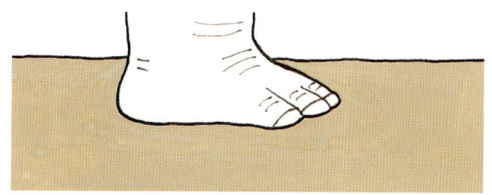

1. 비가 와서 질척해진 진흙 위를 공룡이 걸어가면 발자국이 찍혀요.

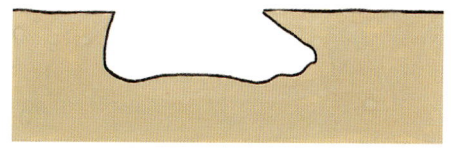

2. 발자국 모양이 찍힌 채로 진흙이 굳어요.

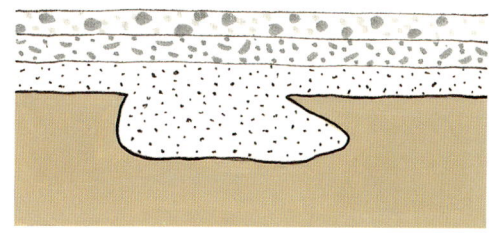

3. 다시 비가 와서 산에서 흘러내린 모래가 굳은 진흙 위에 덮여요. 그 위에 계속 퇴적물이 쌓여요.

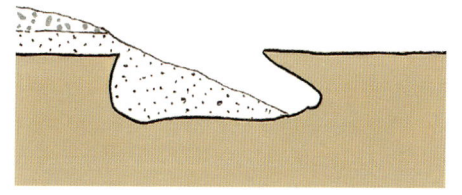

4. 시간이 흐르면서 쌓여 있던 지층들이 깎여 나가 다시 발자국이 찍힌 진흙이 드러나요.

암모나이트
중생대에 바닷속에 살던 화석 조개예요. 연체동물에 속하는 암모나이트는 살았던 기간이 100만 년보다 짧아 가장 뛰어난 표준 화석 중 하나예요.

호박에 갇힌 **거미**

삼엽충
절지동물에 속하는 화석 동물로, 고생대를 대표하는 표준 화석이에요.

> ### 표준 화석
> 특정한 시기에만 살아 그 시기를 대표하는 생물 화석이에요. 고생대의 삼엽충, 중생대의 암모나이트와 공룡, 신생대의 매머드 등이 대표적인 표준 화석이에요.

은행나무
고생대 페름기 지층에서 발견된 은행나무 잎은 지금의 잎과 모양이 거의 같아요.

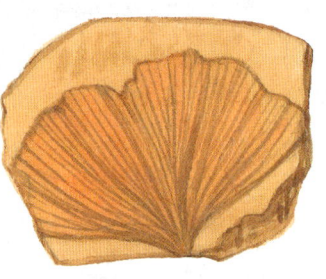

고사리
식물은 시간이 지나면서 조직이 숯으로 변해요. 땅속에 묻혀 숯으로 변한 양치류나 겉씨식물이 지금의 석탄이에요. 석탄은 나무의 화석인 셈이지요.

> ### 시상화석
> 특정한 환경에서만 살았던 생물의 화석으로, 생물이 살던 당시의 환경을 알 수 있게 해 주지요. 좁은 지역이나 특정한 환경에서 오래 살았던 생물만이 시상화석이 될 수 있어요. 산호는 대표적인 시상화석이에요.

상어 이빨
상어는 뼈가 무른 연골어류라 몸 전체가 화석이 되기는 어려워요. 하지만 계속 새로 자라나는 이빨은 화석으로 자주 발견돼요.

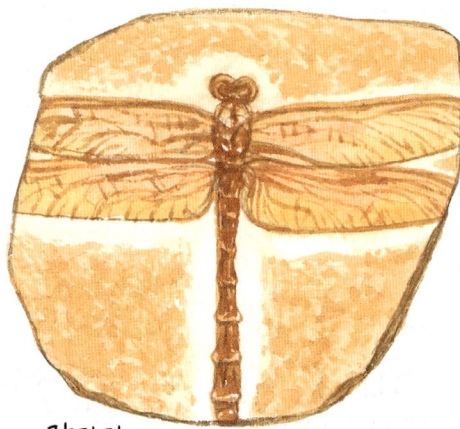

산호
대표적인 시상화석이에요. 산호는 얕고 따뜻한 바다에서만 살 수 있어서 산호 화석이 발견되면 예전에 그곳이 얕은 바다였다는 것을 알 수 있어요.

잠자리
산호 화석이 발견되면 그곳이 바다였던 것처럼, 잠자리 화석이 발견된다면 그곳은 예전에 육지였겠지요.

매머드
시베리아의 두꺼운 얼음층에서 온전한 모습으로 발견되기도 해요. 신생대를 대표하는 표준 화석이에요.

이런 다양한 화석들을 통해 우리는 사람이 살지 않았던 때의 일들도 알아낼 수가 있어요. 은행나무가 지금과 같은 모습으로 공룡과 함께 살았다는 것, 지금은 높고 건조한 산이지만 아주 오래전에는 산호가 살던 얕고 따뜻한 바다였다는 것, 기후와 환경이 계속해서 변하고, 지구의 땅이 계속 움직이고, 어느 때인가는 모든 땅이 한 덩어리로 붙어 있었다는 것도 알 수 있게 되는 거예요.

시노그나투스

리스트로사우루스

아프리카

인도

남아메리카

오스트레일리아

남극

메소사우루스

글로소프테리스

"여러 대륙에서 공통적으로 발견되는 화석들은 지금은 떨어져 있는 대륙들이 한때는 한 덩어리로 붙어 있었다는 사실을 알 수 있게 해 주지요."

지질 시대의 구분

고생대 지층에서 공룡 화석이 발견될 수도 있나요?

대		기	생물계	표준 화석
현생 이언	신생대	제4기	인간 등장	매머드
		---250만 년 전---		
		제3기	포유류 번성, 원숭이의 조상인 영장류 등장	화폐석
		6500만 년 전		
	중생대	백악기	속씨식물 번성	공룡
		---1억 3600만 년 전---		
		쥐라기	공룡, 익룡 등 거대 파충류 번성	
		1억 9000만 년 전		암모나이트
		트라이아스기	포유류 등장	
		2억 4500만 년 전		
	고생대	페름기	겉씨식물 등장	삼엽충 방추충(푸줄리나)
		---2억 8000만 년 전---		
		석탄기	파충류 등장, 양치식물 번성	
		3억 4500만 년 전		
		데본기	양서류 등장	
		---4억 1000만 년 전---		갑주어
		실루리아기	육지 식물 등장, 어류 등장	필석
		4억 3500만 년 전		
		오르도비스기	척추동물 등장	
		---5억 년 전---		
		캄브리아기	삼엽충 등장	
		5억 7000만 년 전		
은생 이언	선캄프리아대	원생대	원시 수중 동물 등장	에디아카라 생물군
		시생대	최초의 생명체인 박테리아 등장	스트로마톨라이트

- 신생대는 3기와 4기로 나누는데 고생대를 1기, 중생대를 2기로 보는 거예요.
- 지질 시대는 오래된 시기를 아래쪽으로 표시하는 게 원칙이에요.

> "지금까지 지구에는 다섯 번의 대멸종이 있었어요."

백악기 말 대멸종 (6500만 년 전)
멕시코 유카탄반도에 떨어진 운석이 결정적 원인이라고 알려진 백악기 말 대멸종으로 중생대가 끝나요. 백악기 말 대멸종으로 가장 크게 타격을 받은 것은 파충류로, 지금까지 우리와 살고 있는 거북, 악어, 도마뱀, 뱀을 제외한 모든 파충류(하늘을 날던 익룡, 바다에 살던 수장룡과 어룡, 그리고 새를 제외한 모든 공룡)가 사라졌어요. 바다에서는 두족류와 암모나이트가 완전히 멸종했어요.

트라이아스기 말 대멸종 (1억 9000만 년 전)
생물 종의 85% 이상이 사라졌어요. 산호초를 중심으로 한 바다 생태계가 완전히 파괴되어 암모나이트와 완족류도 많은 종이 사라지고 몇 종만 살아남았지요. 육지에서는 거대 양서류들이 멸종하고 수궁류에 해당하는 파충류는 극히 일부만 살아남았어요.

페름기 말 대멸종 (2억 4500만 년 전)
모든 생물의 95% 이상이 사라진 페름기 말 대멸종은 모든 멸종 사건들 중에서도 가장 큰 규모로 이때 고생대가 끝나요. 삼엽충이 멸종했고, 바닷속 플랑크톤, 산호초, 산호초 사이에서 살아가던 물고기들, 육지의 양서류와 이제 갓 진화를 시작하던 파충류와 단궁류도 거의 사라졌어요.

데본기 말 대멸종 (3억 4500만 년 전)
전체 생물 종 중 70%가 멸종했어요. 특히 열대 바다의 생물들이 크게 피해를 보았는데, 두족류, 복족류, 완족류, 삼엽충 등이 크게 줄어들고 갑주어와 판피어는 멸종했어요.

오르도비스기 말 대멸종 (4억 3500만 년 전)
시기상 첫 번째이고 규모로는 두 번째 대멸종으로, 전체 생물 종의 80% 이상이 멸종했어요. 식물성 플랑크톤과 동물성 플랑크톤, 산호류와 완족류, 그리고 그들에 의지해 살던 바다 생물이 몇 종만 남고 대부분 멸종했어요.

고생대 지층에서는 공룡 화석이 나오지 않아요. 고생대, 중생대, 신생대 등 지질 시대를 나누는 기준은 '멸종'이에요. 어떤 생물이 나타나 번성하다가 사라지고 앞 시대와 전혀 다른 생물이 나타나는 것을 기준으로 시대를 나누는 거예요.

그러니까 공룡이 중생대에 살았다고 하는 것보다 공룡이 살았던 때를 중생대라고 하는 것이 더 정확한 표현일 거예요. 그래서 최초의 공룡이 나타난 2억 3300만 년 전보다 오래된 지층에서는 다른 여러 생물의 화석이 나오지만 공룡의 화석은 전혀 없어요.

멸종은 변화하는 자연환경에 생명이 적응하고 진화하면서 일어나는 자연스러운 과정이지만 시대를 나눌 정도의 큰 변화는 자주 있는 일은 아니에요. 그런 큰 변화가 일어나는 때를 '대멸종기'라고 해요.

대멸종 사건이 일어나는 원인은 지구에 소행성이 충돌하거나 대규모 화산이 폭발하고 대륙이 이동하면서 생기는 급격한 기후나 환경의 변화 등 한두 가지가 아니에요. 그리고 그 모든 일들의 결과가 결국 생물 종의 대규모 멸종으로 이어져 시대를 나누는 확실한 기준이 되는 거예요.

지구가 탄생하고 지각이 생겨난 이후부터 인간의 유물이 나오는 시기(이 시기는 역사 시대라고 해요)인 1만 년 전까지의 시기를 지질 시대라고 해요.

지질 시대는 크게 은생 이언과 현생 이언으로 나누고, 현생 이언은 고생대, 중생대, 신생대로 나누어요. 은생 이언은 고생대 첫 번째 시기인 캄브리아기 이전이라는 뜻으로 선캄브리아대라고도 불러요. 캄브리아기가 고생대의 처음 시기로 정해지고 지질 시대의 큰 기준이 되는 이유는 우리 눈으로 확인할 수 있는 생물의 흔적이 처음으로 나타난 시기이기 때문이에요.

한동안 캄브리아기에 여러 형태의 생물이 갑자기 나타났다고 생각했어요. 하지만 캄브리아기 이전 지층에서 에디아카라 생물군이 발견되면서 캄브리아기에 갑자기 생물들이 나타난 건 아니라는 것을 알게 됐어요.

❝ 선캄브리아대는 너무 오래전인 데다가 이때의 생물은 크기가 아주 작고 수도 적어 현미경으로 봐야 알 수 있을 정도의 생물 흔적이 남아 있어요. ❞

에디아카라 생물군
화석들이 무리 지어 발견된 오스트레일리아 에디아카라 지역의 지명을 붙여 '에디아카라 생물군'이라고 불러요. 이때의 생물들은 아직 단단한 껍데기가 없고 대부분 해파리처럼 말랑한 몸으로 물속을 떠다니면서 플랑크톤을 잡아먹으며 살았을 것으로 생각해요.

지구의 역사 45억 년을 하루 24시간으로 바꿔 보면……

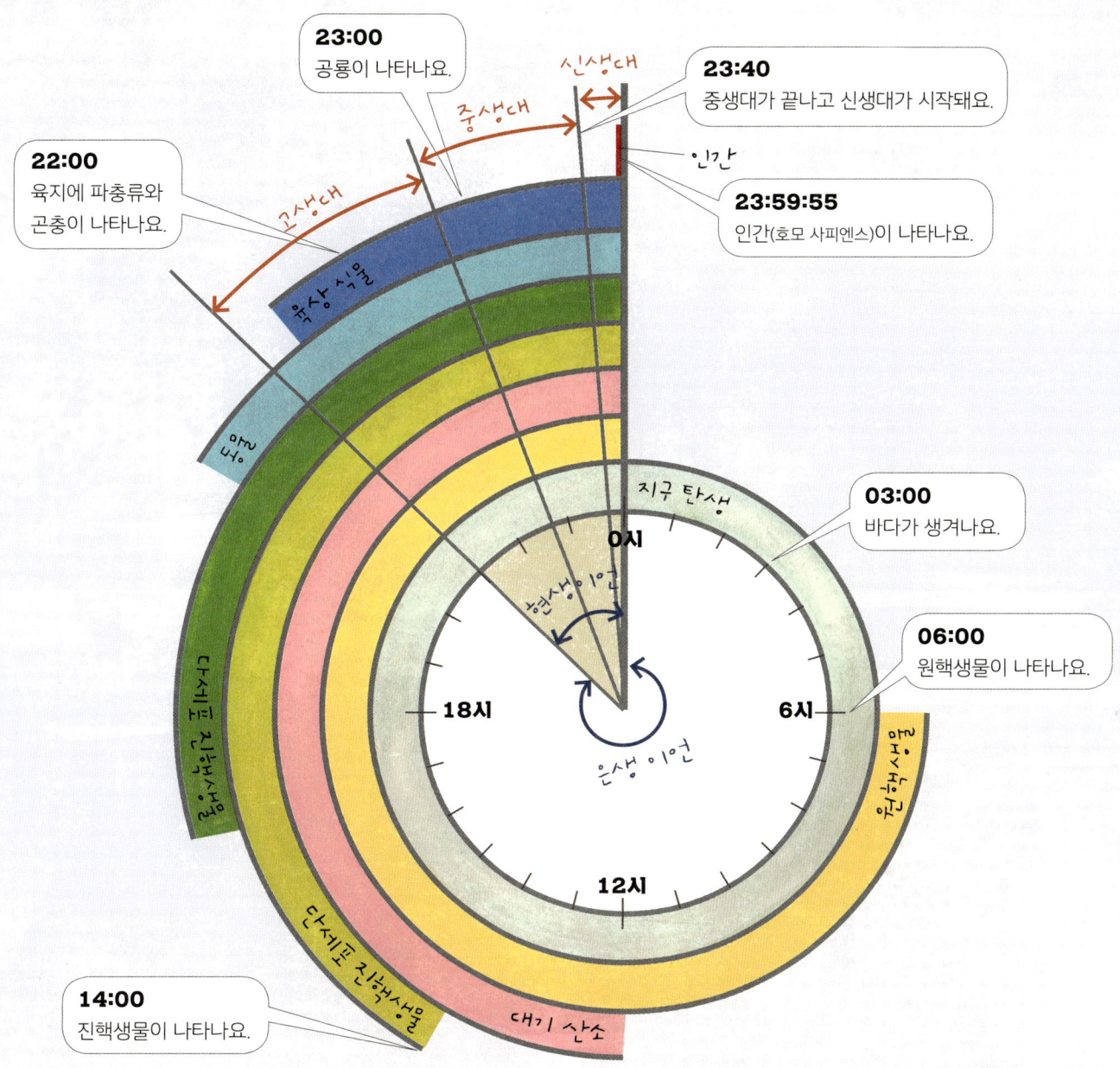

고생대가 엄청나게 오래전인 것 같지만 지구의 긴 역사를 놓고 보면 사실 고생대, 중생대, 신생대는 짧은 기간이에요. 더구나 인간이 지구에 살았던 때는 점으로 찍을 수도 없을 만큼 짧은 순간이니 인간이 지구의 주인인 것처럼 생각하기에는 좀 민망하지요.

원시 악어는 공룡보다 먼저 지구에 살았어요. 지금의 악어는 대부분의 공룡이 사라질 때도 살아남았어요.

은행나무는 고생대부터 있었고 여러 번의 대멸종기를 이겨 내고 단 한 종이 살아남아 지금 우리와 살고 있는 거예요.

멸종이라는 말이 좀 무섭게 느껴질 수도 있지만 멸종은 아침에 해가 뜨고 저녁에 해가 지는 것처럼 늘 일어나는 일상적인 일이에요. 악어나 은행나무, 모기 등 대멸종을 이겨 내고 지금 우리와 살고 있는 생물들도 간혹 있고, 나타났다가 금방 사라져 버리는 생물들도 있지만 모든 생물은 언젠가는 멸종해요. 생태계에 새로운 생명이 나타나고 진화하는 기회를 만들어 주는 것도 바로 멸종이에요. 멸종 사건이 없었다면 지금 지구에 인간은 없고 삼엽충만 바글바글할지도 몰라요. 그렇다면 요즘 왜 그렇게 지구 온난화니, 지금이 여섯 번째 대멸종기니 하면서 걱정이 많은 걸까요? 지금이 이전과 다른 것은 그 원인이 바로 우리 인간들이라는 점이에요.

상어는 고생대부터 살았고 나무보다도 먼저 지구에서 살았어요.

모기, 바퀴벌레는 중생대 이후부터 지금까지 살고 있고 앞으로도 쉽게 멸종하지는 않을 거예요.

사막여우

"사실 우리 눈에 보이는 대부분의 생물들이 멸종 위기 종이라고 해도 과언이 아니에요."

판다는 한정된 먹이와 한정된 서식지, 그리고 번식의 어려움으로 자연 상태에서는 살 수 없어요.

포유류의 경우 인간이 나타나기 전에는 100만 년에 2종 정도 멸종하던 것이 지난 500년 동안 5570종이 멸종했어요. 한 달에 한 종꼴로 사라지고 있는 거예요. 지구 역사상 가장 큰 규모였던 페름기 말 대멸종 때보다도 100배는 빠른 속도로 생물의 멸종이 진행되고 있지요. 대규모로 화산이 폭발하거나 소행성이 지구에 충돌하거나 하지도 않았는데 말이죠.

혹시 인간이 여섯 번째 대멸종을 이겨 내고 살아남는다고 해도 다른 생물들이 모두 사라진 지구에서 잘 살 수 있을까요?

북극곰뿐만 아니라 어떤 생물 종이라도 멸종하는 것을 무심히 생각해서는 안 돼요. 모두 사라지고 나면 인간이 다음 차례가 될 테니까요.

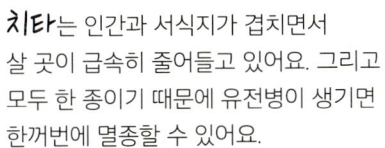

치타는 인간과 서식지가 겹치면서 살 곳이 급속히 줄어들고 있어요. 그리고 모두 한 종이기 때문에 유전병이 생기면 한꺼번에 멸종할 수 있어요.

매너티와 듀공 등 바다소목 자체가 거의 사라져 멸종 위기에 처했어요.

매너티

27

식물의 진화

공룡이 살던 때에는 풀이 없었다고요?

풀은 중생대 말부터 지구에 나타나기 시작했어요. 그래서 중생대에 살았던 대부분의 공룡들은 풀을 볼 수 없었어요. 식물이 자라기 좋은 따뜻하고 물이 많은 곳에는 이미 나무들이 자리 잡고 있었고 빈 곳은 춥고 물도 부족한 땅뿐이었어요.

나무처럼 굵고 크게 자라기 위해서는 풀보다 훨씬 많은 에너지와 물이 필요해요. 풀은 좋지 않은 조건에서 살아가기 위해 나무처럼 몸을 키우는 대신 빠르게 성장하고 서둘러 꽃을 피워, 겨울이 되기 전에 씨와 열매를 만들었어요. 물이 얼고 햇빛도 적은 겨울을 살지 않는 방향으로 진화한 거예요.

" 풀이 없었다면 초식 공룡들은 뭘 먹고 산 걸까요? "

초식 공룡들은 나뭇잎을 먹었어요.
양치류와 중생대에 번성했던 겉씨식물인
은행나무나 침엽수의 잎을 먹었지요.

고생대 초기 녹조류가 처음으로 물을 떠나 육지에 올라왔어요. 이끼류나 지의류가 최초의 육지 식물이에요. 이후 뿌리와 줄기, 넓은잎을 갖춘 최초의 나무 모양 식물인 양치류가 나타나 물가가 숲으로 울창해졌지요. 이끼류나 양치류 등이 물가에 모여 사는 이유는 식물이 살아가는 데 물이 꼭 필요하기도 하지만 이들은 모두 포자로 번식하기 때문이에요. 포자는 반드시 물이 있어야 번식할 수 있거든요.

고생대의 식물들

칼라미테스
최초의 나무로 알려진 양치류예요. 키가 20~30m까지 자랐어요. 고생대 석탄기는 산소 농도가 높아져 모든 생물이 크기를 키웠던 때예요. 양치류의 넓은잎은 광합성에 유리해 번창했지요. 지금도 여러 종의 양치류가 남아 있지만 석탄기 때와 같은 나무 형태는 없어요.

아스테록실론
가장 초기의 양치식물인 석송류 중 하나로, 데본기에서 석탄기까지 살았어요.

중생대의 식물들

소나무, 측백나무, 가문비나무, 메타세쿼이아 등의 침엽수는 중생대 트라이아스기에 대륙을 대부분 점령했고, 오늘날까지 거의 변하지 않은 모습으로 살고 있는 것들도 있어요.

중생대가 되면 물가에 빈틈없이 빽빽하게 나무가 들어서 있었어요. 새로운 식물들은 물가를 벗어나서 자리를 잡을 수밖에 없었지요. 그러다보니 물이 없어도 꽃가루를 날려서 번식할 수 있는 겉씨식물이 나타나기 시작해 중생대에 아주 번성하게 되지요. 침엽수나 은행나무, 소철류 등이 겉씨식물이에요.

양치류나 겉씨식물이 이미 자리 잡은 곳을 빼면 이제 지구에는 춥고 거친 땅만 남았어요. 중생대 말에 나타나기 시작한 꽃을 피우는 속씨식물은 물이나 바람 대신 곤충을 번식에 이용하면서 물이 적은 환경에서도 살 수 있게 진화했고, 지금은 지구에서 가장 번성한 식물이 되었어요. 과학자들은 최초의 속씨식물을 목련과 나무들로 생각하고 있어요.

신생대가 되자 더 거칠고 마른땅에서도 살 수 있는 풀이 본격적으로 나타나지요. 꽃이 눈에 보이든 보이지 않든 풀은 모두 꽃이 있는 속씨식물이에요. 메마른 초원까지 풀이 자라기 시작한 지구에 이제 빈 땅은 거의 없어요.

> "육지의 식물은 고생대 이끼류나 지의류에서 시작해서 양치류가 등장하고, 중생대에는 겉씨식물, 이후 신생대에는 속씨식물이 번성해요."

신생대의 식물들

중생대 말에 나타난 꽃식물인 속씨식물이 번성하고 풀이 자라기 시작하면서 풀을 먹는 대형 초식 동물이 나타나게 되는 조건이 만들어졌지요.

척추동물의 육지 상륙

지금 바다에 사는 물고기 대부분은 민물에서 바다로 돌아간 거라고요?

우리는 보통 동물이 바다에서 생겨나 육지로 올라왔다고 생각해요. 맞아요. 모든 육상 동물의 조상은 고생대에 바다에서 육지로 올라왔어요. 하지만 지

"고생대 데본기에 바닷속은 온갖 생물들로 가득 차 있었고, 그중에서도 물고기들은 아주 번성했어요. 판피어류와 상어류는 이 시기 바닷속을 지배하는 주인공이었어요. 바닷속을 지배했다고 하지만 아직 육지는 아무것도 없는 빈 땅이었으니 지구 전체를 지배한 셈이죠. 또 다른 물고기로는 경골어류가 있었는데 크기도 작고 힘이 약해서 상어나 판피어를 이겨 낼 수가 없었어요. 그래서 경골어류는 녀석들을 피해 바다를 벗어나 강이나 호수로 터전을 옮기게 되지요."

이 구역 주인공은 나야, 나!

스테타칸투스
유악 어류(턱 있는 물고기)이며, 뼈가 물렁한 연골어류 중 대표적인 종류는 상어류예요. 4억 년 전부터 이미 바닷속에 살고 있었고 처음부터 무서운 육식 동물이었어요. 무악 어류(턱 없는 물고기)와 연골어류는 부레가 없어요. 스테타칸투스는 데본기 후기부터 석탄기 전기끼지 살았던 70cm 정도 크기의 원시 상어예요.

금 바닷속에 사는 대부분의 물고기는 민물인 강이나 호수, 또는 육지에서 다시 바다로 돌아간 거래요. 바다에 사는 거의 대부분의 물고기가 부레를 가지고 있는 게 그 증거예요. 부레는 폐가 변한 것으로, 폐가 있었다는 건 사람처럼 물 밖에서 숨을 쉬었다는 뜻이에요. 아주 오래전 얕은 물에서 머리를 내밀고 공기로 호흡을 하던 물고기들이 다시 바다로 돌아오면서 필요 없어진 폐를 부레로 바꾸고 바닷속을 신나게 헤엄치고 있는 거예요.

뼈가 딱딱한 경골어류는 가장 늦게 나타났고, 크기도 작아 이미 바닷속에서 자리잡고 있었던 상어나 판피어류와의 경쟁에서 밀려 바다를 떠나게 되었어요.

둔클레오스테우스
초기 유악 어류 중 가장 많은 수를 차지한 것은 판피어류로, 데본기 전체 어류 중 75~80%를 차지했어요. 연골성 척추와 지느러미가 있으며, 가슴과 머리가 단단한 판으로 둘러싸여 있어요. 이빨 대신 뼈로 된 판이 붙어 있는 강력한 턱이 있어서 바닷속에서 가장 강력한 육식 동물이었어요. 둔클레오스테우스는 판피어류 중 가장 크게 자라는 종으로, 5~10m까지 자랐어요.

갑주어
턱이 없어 물을 삼켜 영양분을 걸러서 먹었던 대표적인 무악 어류(턱 없는 물고기)예요. 캄브리아기 때부터 살았던 최초의 물고기인 무악 어류가 나타나고 1억 년이 지나서야 무악 어류에서 진화한 유악 어류가 나타나지요.

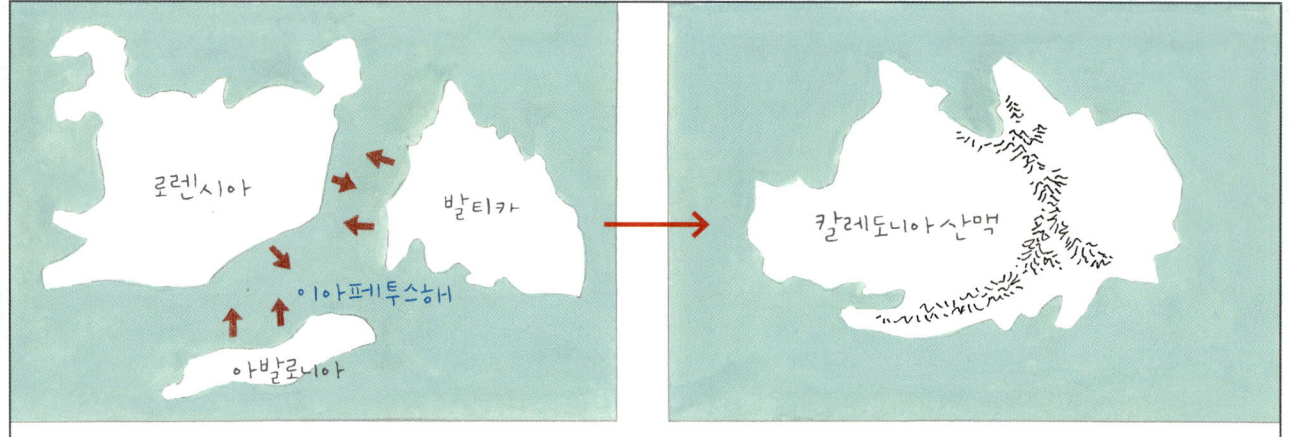

데본기가 시작될 무렵 여러 대륙에 둘러싸여 있던 이아페투스해는 지각 운동에 따른 대륙 이동으로 외부 바다와 격리되었다가 나중에는 밑바닥까지 솟아올라 완전히 사라지게 돼요. 바다가 넓다고 해도 생물들은 육지 근처 얕은 바다에 모여 사는데 얕은 바다가 줄어들자 바다 생물들의 경쟁은 더 치열해졌어요.

안 그래도 판피어나 상어에게 밀리던 경골어류는 바다를 떠날 수밖에 없었어요. 경골어류가 호수나 늪에 자리 잡기 시작하던 데본기 말은 육지에 식물이 나타나고 양치식물들이 큰 나무로 자라던 때예요. 지렁이나 벌레들이 나무 사이에 살기는 했지만 식물을 먹는 척추동물들이 아직 육지에 올라오기 전이라 식물들은 무서운 속도로 자라났어요. 이제 공기는 물가에 빽빽하게 자란 식물들이 뿜어내는 산소로 가득 차게 되었어요.

하지만 경골어류들이 떠밀려 온 얕은 물속은 여름에는 수온 상승, 건기에는 물 부족, 홍수나 산사태 때는 육지에서 쏟아지는 흙이나 나무들로 인한 녹조 현상 등으로 산소가 부족한 상황이 이어지는 곳이었어요.

살아남으려면 방법을 찾아야 했지요. 경골어류는 폐를 만들어 울창한 양치류 숲이 만들어 내는 공기 중의 산소로 숨을 쉬게 돼요. 어려운 문제를 해결한 것이지요.

유스테놉테론
바다를 떠날 무렵의 경골어류예요. 과학자들은 3억 85만 년 전에 살았던 유스테놉테론에게 폐가 있었을 것이라고 생각해요.

아칸소스테가
3억 6000만 년 전에 살았어요. 몸길이는 1m 정도이고, 움직일 수 있는 목이 있고 팔다리와 8개의 손가락이 있어요. 폐가 생기고 난 뒤 드디어 동물에게 손이 생긴 거예요. 하지만 이 팔다리로 육지를 걸을 수는 없었어요. 그렇다면 물고기에게 팔다리는 왜 생긴 걸까요?

양치류 나무에서 떨어진 나뭇잎과 수초로 가득했던 얕은 늪지대의 물속은 뿌옇고 탁했어요. 경골어류는 천적을 피해 수초 속에서 숨어 지내며 수초나 나뭇잎을 헤치고 나아가기 위해 팔다리와 손을 사용했을 거예요.

경골어류가 폐와 팔다리를 만들면서 살아남으려고 애쓰는 동안 바닷속도 어려운 환경이었어요. 적조와 녹조 현상으로 산소가 부족했고, 빙하기의 낮은 온도로 춥고 숨 쉬기 힘든 환경이 된 거예요. 산호와 삼엽충이 거의 사라지고 무악 어류는 먹장어와 칠성장어, 연골어류는 상어나 가오리 정도만 남았어요. 그리고 판피어류는 멸종했어요. 이때를 '데본기 대멸종기'라고 해요.

어려운 시절이 어느 정도 수습되자 빈 공간이 생긴 바다 생태계로 일부 경골어류가 돌아가게 되지요. 지금 바닷속에 사는 대부분의 어류는 이때 바다로 돌아간 경골어류예요. 깊은 바다에서는 더 이상 필요하지 않게 된 폐를 부레로 바꾸고 아주 번성하게 되었어요.

폐와 팔다리가 생긴 일부 경골어류는 척추동물로는 처음으로 새로운 환경인 육지로 올라갔어요. 이제 경골어류는 바다와 육지, 그러니까 전 지구를 자신의 생활 터전으로 만들게 된 거예요.

바다로 돌아가지도 않고 육지로 올라가지도 않고 그대로 살고 있는 경골어류도 있어요. 폐어와 실러캔스는 폐를 가지고 지금도 얕은 민물에서 살고 있어요. 실제로 폐어는 공기 호흡을 오랫동안 하지 못하면 질식해 죽어요.

틱타알릭

어류와 양서류의 중간 단계의 동물로, 3억 7500만 년 전에 살았어요. 아가미와 물고기 비늘 같은 어류의 특징과 악어처럼 넓적한 머리 위쪽에 달린 눈, 유연한 목 등 사지형 동물의 특징을 모두 가지고 있어요. 5개의 손가락과 손목 관절이 있어, 주로 물에 살면서 웅덩이 사이의 땅 위를 망둑어처럼 기어가거나 수초나 자갈을 헤치며 살았을 거예요.

플레시오사우루스
중생대에 바다에 살았던 파충류예요.

데본기 대멸종 이후에도 대멸종이 일어나 바닷속에 빈 공간이 생길 때마다 육지에서 살기 힘들었던 육상 생물들이 여러 차례 바다로 돌아갔어요. 중생대에도 여러 육상 동물이 발을 물갈퀴나 지느러미로 바꾸고 바다로 돌아갔고, 마지막으로 바다로 돌아간 동물이 고래예요. 고래는 신생대에 바다로 돌아간 포유류예요.

참고래

고래는 바닷속에 사는 포유류예요. 듀공이나 매너티도 바다로 돌아간 포유류예요.

동물의 육지 상륙

잠자리와 공룡 중 누가 지구에 먼저 살았나요?

잠자리는 고생대부터 지구에 있었고 공룡은 중생대에 나타났으니, 잠자리가 공룡보다 훨씬 오래전부터 지구에 살았어요.

고생대가 시작되고 1억 년 정도 지나면서 식물들과 함께 다양한 연체동물과 곤충의 조상인 절지동물이 육지에 올라오기 시작해요. 그리고도 한참 뒤인 데본기 이후에 양서류가 척추동물로는 처음으로 육지에 올라오게 되지요.

실루리아기

"식물이 생겨나기 전 육지에는 오존층이 생겨나지 않아 강한 자외선 때문에 동물이 살 수 없었다고 하지만, 노래기나 지네 같은 다지류 절지동물들은 자외선이 없는 밤에만 육지에 올랐기 때문에 아직 식물이 없었던 육지에서도 활동할 수 있었어요. 고생대 실루리아기에 처음으로 식물이 육지에 나타나요."

처음으로 육지에 오른 식물은 지의류나 이끼류예요.

쿡소니아
줄기(관다발)가 생긴 최초의 식물이에요. 아직 뿌리도 없고 잎도 없어요.

처음으로 육지에 오른 동물은 **노래기** 같은 다지류 절지동물이에요. 녀석들이 곤충의 조상이에요.

데본기

"흙 속에는 지렁이(환형동물)가 자리를 잡고, 땅 위에는 이제 무성하게 자라난 양치식물의 잎을 갉아 먹으며 사는 달팽이 같은 연체동물들이 나타나요. 뒤이어 거미와 아직 날개가 없던 곤충이 땅바닥이나 작은 식물들 사이에서 살았어요. 데본기 말이 되면서 양서류(척추동물)가 육지에 발을 디디게 돼요."

세균과 곰팡이, **지렁이** 등이 육지에 올라오면서 영양분이 있는 흙이 만들어져요.

메가네우라
날개를 펼치면 75cm에 이르는 거대 원시 잠자리예요. 석탄기에는 산소 농도가 높아 곤충이나 절지동물들이 크게 자랄 수 있었어요.

곤충들이 날기 시작하자 처음에는 알과 둥지를 보호하는 데 사용했던 거미줄을 사냥에 이용하는 **거미**가 생겨났어요.

아르트로플레우라
지금 살고 있는 노래기의 친척뻘 되는 거대 절지동물로, 큰 것은 2.6m 정도예요.

석탄기

"석탄기에는 날개가 달린 잠자리와 하루살이 같은 곤충들이 하늘을 날아다니기 시작하고 포유류의 조상인 초기 단궁류와 초기 파충류가 나타나요. 초기 파충류가 공룡까지 진화하려면 고생대 석탄기와 페름기를 지나 중생대 트라이아스기가 되어야 하니 아주 많은 시간이 더 지나야 하지요."

이안타사우루스
몸길이가 75cm 정도인 초기 단궁류예요.

힐로노무스
꼬리를 포함한 몸길이가 20cm 정도인 초기 파충류예요.

페데르페스
몸길이가 1m 정도인 양서류예요.

곤충의 진화

바닷속에 사는 곤충은 없나요?

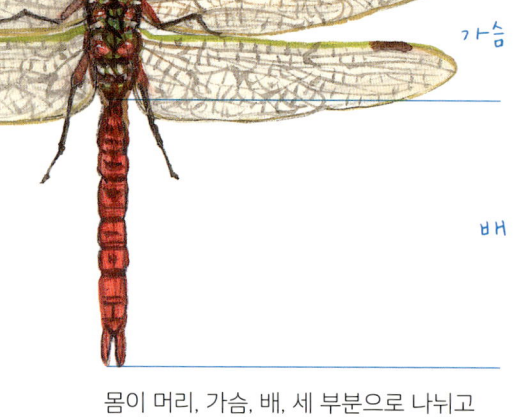

몸이 머리, 가슴, 배, 세 부분으로 나뉘고 다리가 6개 있는 절지동물을 곤충으로 분류해요. 그래서 다리가 8개인 거미는 곤충이 아니에요. 거미는 게나 가재와 가까워요.

바닷속에 사는 곤충은 없어요. 호수, 강, 늪이나 물웅덩이 같은 민물에는 꽤 많은 수생 곤충이 있고 해안 근처나 해수면에 극소수의 곤충이 살기도 하지만 바닷속에서 사는 곤충은 없어요. 4억 년 전부터 지구에 있었고 오늘날 지구에 다른 어떤 동물보다 많은 종이 살고 있는 곤충이 바닷속에는 살지 않는다는 게 조금 이상하게 생각되기도 해요. 거북 같은 파충류나 고래 같은 포유류, 게나 가재 같은 절지동물도 바닷속에서 사는데 말이에요.

보통 생물들은 다른 종의 생물이나 주변 환경과 영향을 주고받으며 다양한 속도로 진화하는데, 곤충은 처음 생겨난 모습에서 크게 변하지 않고 지금도 엄청나게 번성하고 있는 걸 보면 처음부터 육지에 완벽하게 적응한 채 태어나 굳이 바다로 돌아갈 필요가 없었던 것 같아요.

> " 곤충은 실루리아기에 육지로 올라온 노래기 같은 다지류 절지동물에서 진화했을 것이라고 생각해요. 몸에 있던 많은 마디를 줄여서 머리, 가슴, 배, 세 부분으로 만들고 다리도 여섯 개로 줄였어요. "

결합류
다지류로, 크기가 매우 작아 2~10mm 정도예요. 몸의 마디가 노래기나 지네보다 적고 몸길이가 짧아서 곤충으로 진화한 다지류와 아주 가까워요.

"초기의 원시 곤충은 날개가 없어요."

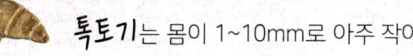

돌좀은 데본기 후기에 진화한 것으로 생각되는 원시 곤충으로, 살아 있는 화석으로 불려요.

좀은 원시 곤충들 중 오늘날까지 살아남은 종으로, 눈이 없어요.

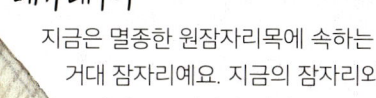

톡토기는 몸이 1~10mm로 아주 작아요.

메가네우라
지금은 멸종한 원잠자리목에 속하는 거대 잠자리예요. 지금의 잠자리와 가까운 종이지만 직접 조상은 아니에요.

약 4억 년 전 고생대에 나타난 최초의 곤충은 현재의 좀과 비슷한 모습이에요. 현미경으로나 볼 수 있을 정도의 작은 크기로, 실제로 미생물과 다름없이 생활했어요. 이끼투성이 흙 속에서 식물 찌꺼기를 분해해 영양분을 만들었지요.

후기 데본기에는 톡토기, 돌좀, 좀 등이 나타나 번성했어요. 이후 석탄기가 되면 처음으로 날개를 가진 곤충이 나타나는데 이들의 날개는 착지할 때 접을 수 없는 원시적인 형태였어요.

석탄기 동안 크기가 크고 날개가 달린 하루살이나 원시 잠자리가 번성했지만 다른 곤충들은 여전히 작은 크기로 자연의 여러 틈새에 숨어서 살아가거나, 아니면 원시 날개보다 성능이 좋은 접을 수 있는 날개를 만들거나 해서 대형 곤충을 피해야 했어요. 원시 메뚜기, 원시 바퀴, 강도래 등의 신시하강 곤충들이 나타나요.

하루살이
석탄기의 하루살이는 날개 너비가 50cm에 이르는 것도 있어요.

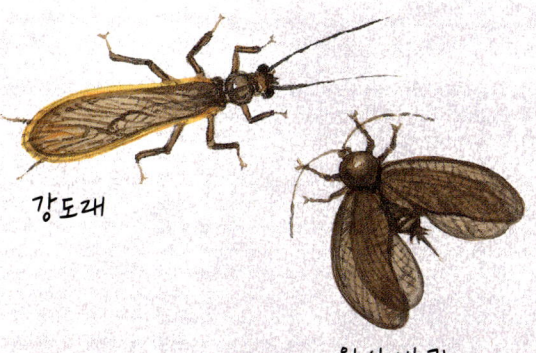

강도래

원시 바퀴

"접을 수 없는 날개를 '고시하강'이라고 하고 접을 수 있는 날개를 '신시하강'이라고 해요. 지금의 곤충은 하루살이와 잠자리를 제외하고는 모두 접을 수 있는 날개를 가지고 있어요. 원시 날개를 가진 곤충은 하루살이와 잠자리만 남고 모두 멸종했어요."

그 뒤 고생대 말 페름기가 되면 밑들이, 원시 딱정벌레, 뱀잠자리, 노린재, 약대벌레, 현생 잠자리 등이 새로 나타나면서 곤충이 아주 다양해져요.

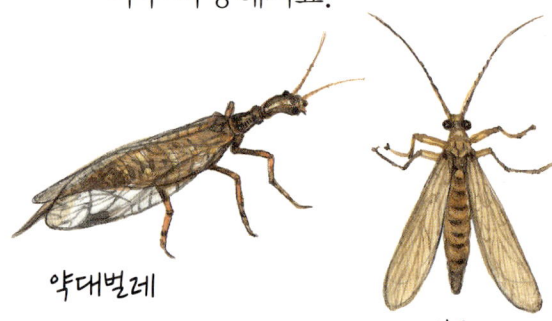

페름기 대멸종으로 고생대가 끝나고 중생대가 되면 원시 벌, 모기, 파리 등이 나타나고 대벌레, 수서 딱정벌레 등이 새로 나타나지요.

중생대 말 백악기가 되면서 속씨식물(꽃식물)이 처음 나타나요. 이때가 되어서야 처음 식물에 꽃이 피게 되고 꽃과 함께 나비, 개미, 꿀벌, 말벌과 꽃가루를 먹는 무수한 딱정벌레들이 비로소 나타나게 되지요. 꽃가루를 옮겨 줄 곤충이 없었다면 꽃식물이 생겨날 수 없었을 거예요. 또 꽃식물이 많아지자 꽃가루와 꿀을 먹는 곤충들이 더욱 다양하게 생겨나는데, 속씨식물과 곤충은 서로에게 긴밀하게 영향을 주고받으며 진화해 신생대 이후 지금까지 지구에서 가장 번성한 종이 되었지요.

> 진화

하루살이는 입이 없다고요?

하루살이는 일생의 대부분을 애벌레로 지내고 어른 벌레가 되고 나서는 하루 정도 살면서 먹지도 않고 짝짓기만 해요. 처음에는 입이 있었지만 먹지 않으니 퇴화해 거의 없어졌어요. 이것이 진화예요. 흔히 진화를 더 크고 복잡한 쪽으로 나아가는 것이라고 오해하는데 필요치 않아 없어지는 것도 진화예요. 그러니 진화가 덜 됐다거나 진화가 완성된 형태라거나 하는 말은 옳은 말이 아니에요. 모든 생물이 각자 자신이 살아가는 환경에 알맞게 적응하는 것이 진화인 거예요.

진화는 여러 가지 요인이 작용해 일어나는 현상이지만 핵심적인 이론은 다윈이 주장한 '자연 선택'이라고 할 수 있어요.

하루살이
하루살이는 애벌레로 1개월에서 3년 정도 지내고 날개가 달린 어른벌레로는 짧게는 몇 시간, 길게는 2~3일 정도만 살아요. 그래서인지 거의 처음으로 날개가 생긴 아주 오래된 곤충인데 원시적인 날개를 더 진화시키지도 않았어요.

" 기린을 자연 선택의 대표적인 예로 들 수 있어요. 오래전 기린은 지금의 기린처럼 목이 길지 않았어요. 나뭇잎을 먹는 초식 동물들은 되도록 나무 위쪽에 새로 자라나는 어린 잎을 먹어요. 어린 잎이 소화시키기 쉽거든요. "

1. 키가 비슷한 기린들이 비슷한 높이의 나뭇잎을 먹다 보니 경쟁이 심해지고, 어린잎이 부족해요. 조금이라도 목이 긴 기린은 더 높은 곳의 어린잎을 먹을 수 있어요.
2. 목이 긴 기린이 더 많이 먹고 더 잘 살아남아 자손을 남길 확률이 높아져요.
3. 시간이 지나면 목이 긴 쪽의 유전자가 더 많이 유전되고 기린은 목이 긴 쪽으로 진화해요.

진화는 생물이 오랜 시간 환경에 적응해 몸의 구조나 생김새가 변하면서 살아남고 또 새로운 종이 생겨나는 자연 현상이에요. 자연 선택은 이렇게 생물이 진화할 때 생존에 조금이라도 유리한 모양과 성질을 가진 쪽이 잘 살아남아 더 많은 자손을 남기게 된다는 이론이에요.

자연 선택과 함께 진화에서 또 중요한 이론은 성 선택론이에요. 성 선택론은 생존에는 불리해 보이더라도 짝짓기에 유리한 쪽이 진화에 유리하다는 거예요. 생존과 함께 번식이 생물에게는 삶의 중요한 목적이니까요.

공작의 화려한 깃털은 포식자의 눈에 잘 띄고 날기에도 거추장스러워서 생존에 불리해 보여요. 별 이익이 없어 보이는데도 이렇게 화려한 모양으로 진화한 이유는 짝짓기에 유리하기 때문이에요. 암컷의 눈에 아름답게 보이기도 하겠지만 포식자의 눈에 잘 띄는 화려한 깃털을 가진 채로 살아남았다는 것 자체가 강한 수컷으로 보일 수 있기 때문이지요.

신쇼우 송개

중국에서 발견된 화석을 토대로 재구성한 동물로, 최초의 포유류로 추정되는 3종의 동물 가운데 하나예요.

진화라고 할 때 흔히 하는 오해 중 또 한 가지는 원숭이가 몇만 년이 지나면 진화해서 사람이 된다는 거예요. 이 말은 고양이가 몇만 년이 지나면 진화해서 원숭이가 된다는 말이나 같은 거예요. "원숭이와 사람은 오래전에 공통 조상을 가지고 있었다."라고 하는 게 맞는 말이에요.

오랑우탄 고릴라 보노보 침팬지 사람

600만 년 전

공통 조상

아프리카의 나무 위에 살았던 유인원이 600만 년 전쯤 두 가지 동물로 나뉘어 진화하게 돼요. 기후 변화로 열대 우림이 줄어들자 경쟁이 심해져 한 무리의 유인원이 초원으로 내려와 걸으면서 사람이 됐어요. 나무 위에서 그대로 살던 유인원은 침팬지와 보노보로 갈라지게 돼요.

한번 갈라진 진화의 가지를 거슬러 가는 것은 가능하지 않으니 아무리 오랜 시간이 지나도 원숭이는 사람으로 진화하지 않아요.

침팬지 무리와 갈라진 유인원 무리는 진화해 우리 인간(호모 사피엔스 사피엔스)이 되지요.

호모(Homo)는 '사람'이라는 뜻으로, 앞에 '호모'가 붙으면 인간의 정식 조상으로 분류되는 거예요. 사피엔스도 사람이란 뜻이에요. 지금의 사람은 호모 사피엔스의 한 종인 호모 사피엔스 사피엔스에 속해요. 호모 사피엔스 중 다른 종들은 모두 멸종했어요. 우리는 여러 사람 종 가운데 살아남은 단 하나의 사람 종이에요.

네안데르탈인
네안데르탈인은 지금의 인간과 비슷한 점이 많아 호모 사피엔스의 한 종이라고 생각했지만 서로 다른 종이에요. 호모 사피엔스와 8만 년 전에서 3만 년 전까지 같은 시기에 살았으나 멸종한 종으로 우리의 직접 조상은 아니에요.

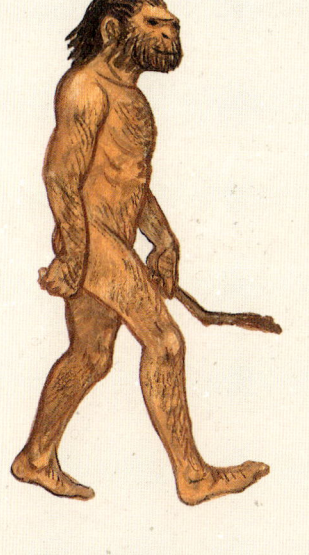

오스트랄로피테쿠스
인간이 다른 영장류와 뚜렷하게 구별되는 특징은 두 발로 걷는 것이에요. 약 300만 년 전 아프리카 곳곳에 흩어져 살았던 오스트랄로피테쿠스는 두 발로 걸었기 때문에 최초의 사람으로 분류하지만 사람의 직계 조상으로 보지는 않아요. 사람보다는 원숭이에 가까웠을 것으로 보고 있어요.

호모 하빌리스
약 200만 년 전에 아프리카에서 살았던 호모 하빌리스는 최초의 사람 조상이에요. '손재주가 있는 사람'이라는 뜻으로 도구를 사용했어요.

호모 에렉투스
약 50만 년 전에 살았던 호모 에렉투스는 다양한 석기 도구와 무기를 사용하고, 최초로 불을 이용했어요. 아프리카를 떠난 최초의 사람이기도 해요.

호모 사피엔스
지금의 인간을 포함한 사람 종들을 의미하는데, 크로마뇽인이라고 부르기도 해요. 이들도 처음에는 아프리카에서 살다가 전 세계로 퍼져 나가요.

진화의 증거는 화석 또는 과거와 현재의 생물 종의 해부학적 구조 비교나 발생학적 증거 등 여러 곳에서 찾아 볼 수 있는데 최근에는 DNA 유전자로 확인하는 분자 유전학의 발전으로 전에는 알 수 없었던 많은 부분들이 밝혀지고 있어요.

진화의 증거로 얘기되는 대표적인 화석으로 고래의 화석을 들 수 있어요. 발견된 고래 화석을 연대순으로 배열하면 육지에서 살았던 포유류 고래가 점차 바다에 적응해 가는 모습을 추측해 볼 수 있어요.

파키투케스
약 5500만 년 전, 몸길이 1~1.6m
파키투케스는 '파키스탄에서 발견됐다'는 뜻으로 머리는 늑대를 닮았고 네 다리에는 소처럼 발굽이 있어요. 고래와 소는 같은 조상에서 갈라졌어요. 대부분의 시간을 육지에서 보냈을 것으로 보고 있어요.

암블로세투스
5000만~4800만 년 전, 몸길이 3m
암블로세투스는 '걷고 헤엄치는 고래'라는 뜻으로 역시 파키스탄에서 발견됐어요. 물에서 헤엄칠 수 있도록 앞발과 뒷발에 물갈퀴가 생겼어요.

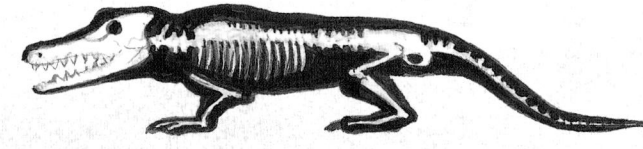

도루돈
4100만~3300만 년 전, 몸길이 5m
바닷속 생활이 익숙해지면서 뒷다리가 퇴화했어요.

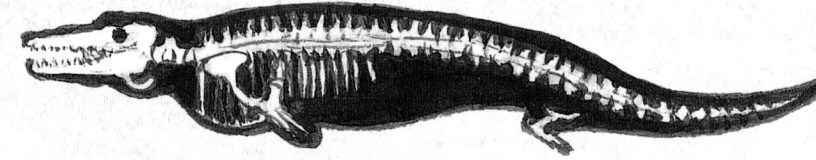

수염고래
지금의 고래는 뒷다리가 흔적으로만 남아 있어요.

또 해부학적 기본 구조와 발생 기원이 같은 기관을 비교해 보면 겉으로 보이는 모양과 쓰임새는 다르지만 같은 조상에서 진화했음을 알 수 있어요.

지금 지구에 살고 있는 척추동물의 앞다리는 모두 발가락이 다섯 개로 기본 구조가 같아요. 발가락이 여덟 개인 척추동물이 지구 역사에 없었던 것은 아니지만 모두 멸종하고, 발가락이 다섯 개인 동물이 살아남아 여러 자손을 남긴 증거라고 볼 수 있는 거예요.

아칸토스테가
발가락이 8개인 아칸토스테가는 3억 6000만 년 전에 지구에 살았지만 자손을 남기지 못하고 멸종했어요.

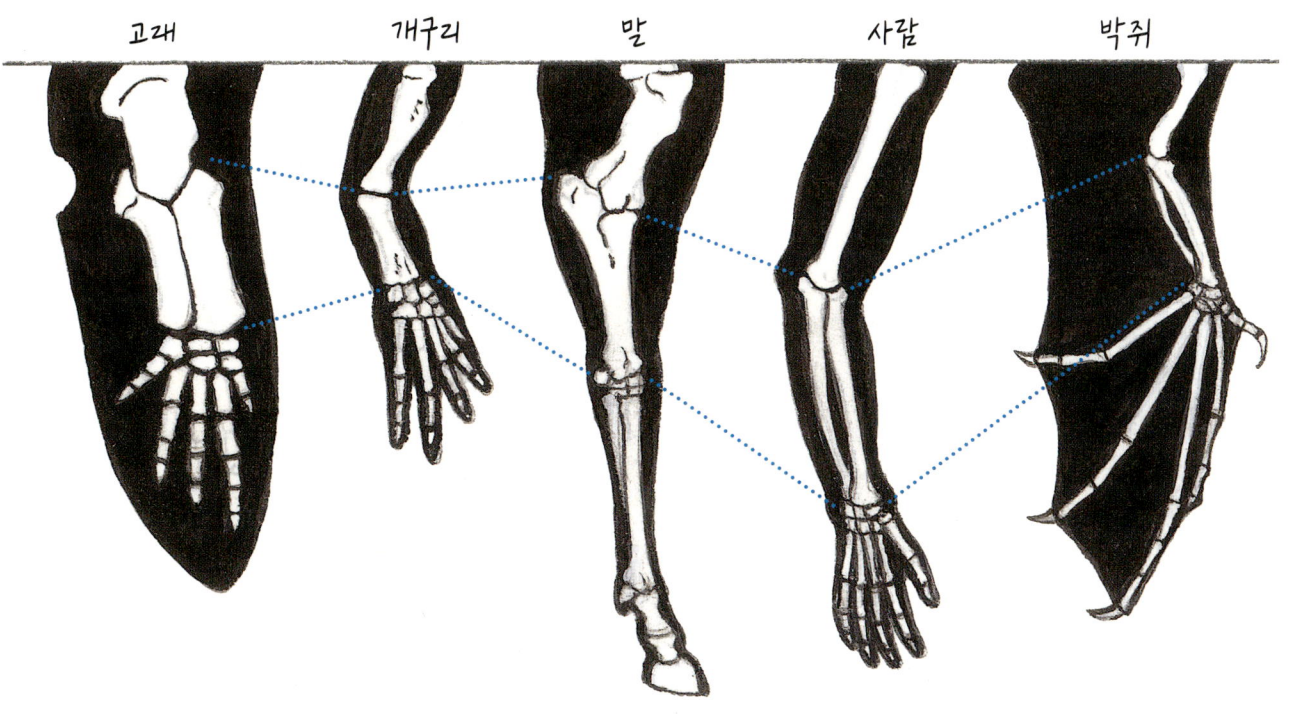

10종의 생물이 각자 분화해 100가지, 1000가지의 생물이 되는 것이 아니라 10종 중 8~9종은 사라지고 1~2종의 생물이 다시 100가지, 200가지로 분화해 진화하는 거죠.

이렇게 같은 구조이면서 다른 모양으로 진화하는 현상을 '적응 방산'이라고 해요. 적응 방산은 한 개 또는 소수의 종이 새로운 지역에서 빠르게 다양한 모습으로 변하는 것을 말하지요. 대량 멸종으로 생태계에 빈 공간이 생겼을 때 많이 일어나요. 중생대 말 대부분의 공룡이 사라진 뒤 포유류가 다양한 종으로 분화한 것이 대표적인 적응 방산의 예라고 할 수 있어요.

"적응 방산의 예로 오스트레일리아 주머니동물인 유대류를 들 수 있어요."

지금은 유대류가 오스트레일리아에서만 살고 있는데 유대류의 화석은 전 세계에서 발견돼요. 예전에는 지구의 모든 대륙에 유대류가 살았다는 뜻이지요. 오스트레일리아는 중생대 초기 대륙이 분열할 때 다른 대륙들과 분리되면서 태반류가 이주하지 못한 섬 대륙이 되었어요. 이후 다른 대륙에서는 태반류와의 경쟁에서 밀린 유대류가 모두 사라졌어요. 태반류가 생태계의 구석구석을 채우는 동안 오스트레일리아에서는 유대류가 태반류와 비슷한 형태로 생태계를 채우면서 적응 방산을 한 거예요.

적응 방산과는 반대로 모양이 비슷하지만 발생 기원이나 구조가 전혀 다른 경우를 '수렴 진화'라고 해요. 전혀 다른 종류의 생물이 비슷한 환경에 적응해 살다 보니 비슷한 모양이 되는 것을 말해요. 이들을 예전에는 같은 종으로 분류했지만 분자 유전학의 발전으로 지금은 전혀 다른 종으로 밝혀지는 경우도 많아요.

슈가글라이더

하늘다람쥐

아주 비슷하게 생겼지만 슈가글라이더는 유대류이고 하늘다람쥐는 태반류예요.

청새치는 어류, 인도강돌고래는 포유류, 에우리노사우루스는 파충류로 전혀 다른 종류의 동물들이지만 모두 물속에서 살면서 육식 사냥을 하는 공통점이 있어 비슷한 모습을 띠게 된 거예요.

청새치

인도강돌고래

에우리노사우루스

새우

크릴새우

크릴새우와 새우는 아무 관계가 없어요. 크릴새우는 플랑크톤으로 새우가 아니지만 생김새가 비슷해 크릴새우라는 이름을 갖게 된 거예요.

예전에는 연꽃과 비슷한 환경에서 비슷한 모습으로 사는 수련을 연꽃과로 분류했지만 지금은 수련과로 따로 분류해요.

연꽃

수련

생물의 분류

멍게가 말미잘보다 사람과 더 가까운 동물이라고요?

동물의 분류상 멍게와 사람은 척삭동물문이고, 말미잘은 강장동물문이에요. 생긴 것과 달리 멍게는 해삼(극피동물문)이나 오징어(연체동물문), 말미잘보다 사람과 더 가까운 종인 거예요.

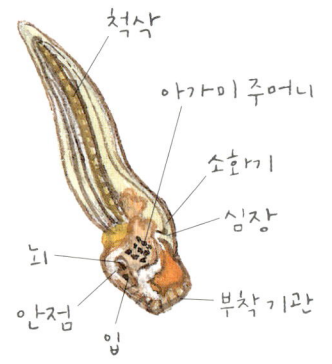

"척삭동물이란 몸 안에 척추(등뼈)가 있는 동물을 말해요. 동물은 크게 척추동물과 무척추동물로 분류하기도 해요. 무척추동물은 척추가 있는 척삭동물문을 제외한 나머지 동물문으로, 전체 동물의 97%를 차지할 정도로 수도 많고 종류도 다양해요."

멍게 유생
멍게는 유생 때는 척삭, 뇌, 근육, 신경, 지느러미 등 여러 기관을 가지고 올챙이처럼 헤엄쳐요. 그래서 척삭동물문으로 분류되지만 어른이 되면 뇌를 비롯한 여러 기관을 스스로 소화시키고 그냥 바닥에 붙은채 바닷물을 삼켜 영양분을 걸러 먹어요.

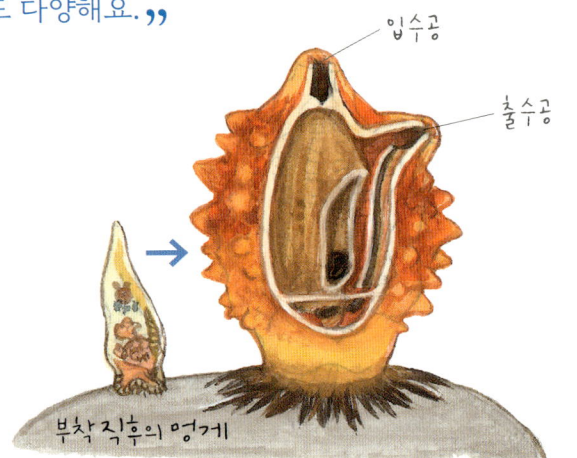

과학자들은 지구에 사는 수많은 생물 사이의 관계를 알기 위해 유사점과 차이점에 따라 무리를 짓고 분류해요.

생물 분류의 기본 단위는 '종'이에요. 종이란 모양이나 생활 방식, 그리고 생태적·유전적 특징이 비슷해 자연 상태에서 짝짓기를 해 생식력이 있는 새끼를 낳을 수 있는 생물 무리를 말해요. 비슷한 특징을 가진 여러 종을 묶어 '속', 비슷한 속을 묶어 '과'를 만드는 식으로 **종, 속, 과, 목, 강, 문, 계**라는 분류의 단계를 정했어요.

'계'는 생물 분류 중 가장 큰 단위로, 움직일 수 있으면 동물계, 광합성을 하는 모든 식물은 식물계로 나누어요.

'문'은 생물 분류 중 두 번째로 큰 단위예요. 문이 다르다는 것은 아주 멀다는 뜻이에요. 우리가 모두 벌레라고 부르는 지렁이, 달팽이, 노래기는 완전히 다른 종류의 동물이에요. '문'은 겉모습이 아니라 몸의 구조나 기본 형식에 따라 나누기 때문이에요. 이렇게 전혀 다른 구조를 가진 지렁이나 달팽이가 겉모습이 비슷한 이유는 비슷한 환경에 적응한 수렴 진화의 결과라고 할 수 있지요.

❝동물계는 강장동물문, 연체동물문, 극피동물문, 편형동물문, 절지동물문, 해면동물문, 유조동물문, 완보동물문, 환형동물문 등 32개 정도의 문으로 나뉘어요.❞

분류	특징	분류와특징
강장동물문	속이 비어 있고 입 주위에 촉수가 있으며 입과 항문의 구분이 없어요.	해파리, 말미잘, 산호
연체동물문	몸이 연하고 마디가 없어요. 아가미로 숨을 쉬어요.	조개, 달팽이, 오징어
환형동물문	몸이 긴 원통형이며, 마디가 있고 섬모는 없어요.	지렁이, 거머리
극피동물문	딱딱한 껍데기나 가시가 있고 사방으로 같은 모양인 방사 대칭형이에요.	불가사리, 성게
편형동물문	몸이 연하고 납작하며, 항문이 없고 재생 능력이 뛰어나요.	플라나리아, 촌충
절지동물문	몸이 딱딱한 외골격으로 쌓여 있으며, 다리에 마디가 있어요.	사슴벌레, 거미, 지네

그렇다면 우리(사람)는 어떻게 분류할까요?

사람은 **동물계**에 속하고,
↓
몸속에 척수와 뇌, 뼈가 있는 **척삭동물문**,
↓
알에서 태어나지 않고 젖을 먹고 자라고 피는 따뜻하며 체온이 항상 일정해 북극에 가서도 체온이 변하지 않는 **포유강**,
↓
마주 볼 수 있는 엄지손가락, 커다란 발바닥, 큰 뇌, 긴 유년기와 사춘기가 특징인 **영장목**,
↓
11개 과로 나뉘는 영장목 중 우리는 서서 걷는 특징이 있는 **사람과**,
↓
속과 종 모두 사람인 **사람속, 사람종**

지구인은 피부색이나 사는 곳이 달라도 모두 같은 종이에요.

나도 마주 보는 엄지손가락이 있어서 사람과 같은 영장목이야. 원숭이, 오랑우탄, 고릴라 등도 우리와 같은 영장목이지.

침팬지

> 미생물

왜 지금의 나무는 석탄이 되지 않는 거예요?

지금 우리가 쓰는 석탄은 거의 고생대 석탄기에 만들어진 거예요. 그래서 그 시기를 석탄기라고 부르지요. 석탄은 나무가 땅속에서 오랜 시간 열과 압력을 받아 탄화된 것으로, 나무의 화석이라고 할 수 있어요. 그럼 석탄기의 나무들만 석탄이 되는 걸까요? 석탄기 이후 고생대와 중생대의 나무들도 일부 석탄이 되었어요. 그런데 지금의 나무들은 거의 석탄이 되지 않아요. 그 이유는 석탄기까지는 나무의 줄기를 썩게 하는 미생물이 아직 나타나지 않았기 때문이에요.

미생물은 35억 년 전부터 지구에 살았고, 식물이 육지에 오르기 전에 이미 육지에 자리 잡고 있었어요. 하지만 단단한 나무줄기를 썩게 하는 미생물은 나무가 지구에 나타나고 한동안 시간이 지난 석탄기 이후에야 생겨나기 시작했지요.

" 석탄기 육지에는 키 큰 나무들이 빽빽이 자랐어요. 이때는 미생물뿐 아니라 나무를 먹는 다양한 곤충이나 대형 초식 동물이 나타나기 전이라 죽은 나무들은 통째로 땅속에 묻혀 석탄이 되었어요. "

지금은 나무 한 그루가 쓰러지면 온갖 벌레와 미생물들이 나무를 먹고 썩게 해서 온전한 상태로 땅속에 묻히는 경우가 거의 드물어요.

그렇다면 미생물은 뭘까요? 미생물은 눈에 보이지 않을 정도로 작은 생물을 모두 이르는 말로, 아주 작다는 공통점 말고는 생물의 분류학적 의미는 없어요. 아주 작은 단세포 생물이나 세균(박테리아와 세균은 같은 말이에요), 균류, 바이러스 등이 미생물이에요.

"지구의 생물들 중 우리 눈에 보이는 동물이나 식물을 제외하고는 대부분이 미생물이라고 할 수 있어요."

유글레나
아메바나 유글레나 같은 아주 작은 단세포 생물을 원생생물이라고 해요. 원생생물은 핵이나 핵막이 있어 진핵생물로 분류해요.

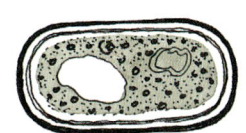

세균
핵이 핵막으로 둘러싸여 있지 않고 핵 물질이 흩어져 있어 원핵생물이라고 불러요. 원핵생물은 일반적으로 원생생물보다 크기가 작아요.

바이러스
실제로는 세포가 없지만 다른 세포 안에 들어가면 생물처럼 살아요. 그래서 생물과 무생물의 사이에 걸쳐 있으나 생물로 분류하는 경우 미생물로 보지요.

"버섯이나 곰팡이는 사람의 눈에 보이는데도 미생물로 분류하지요. 사실 균류의 본모습은 땅속에 있는 미세한 실처럼 생긴 균사예요. 균사들이 모여서 균사체를 만들고 번식할 때만 자실체를 만들어요. 이 자실체가 우리 눈에 보이는 버섯이나 곰팡이인 거예요."

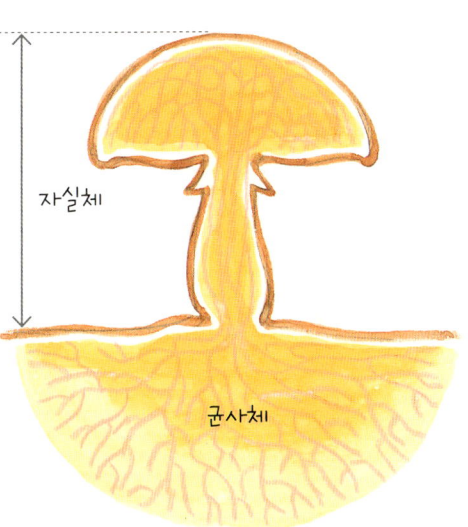

균류
앞에 아무것도 붙지 않고 '균'이라고 하면 일반적으로 버섯이나 곰팡이, 효모 같은 균류를 이르는 거예요. 버섯이나 곰팡이 무리는 한자리에서 자라기 때문에 식물처럼 보이지만 식물처럼 광합성을 해서 스스로 양분을 만들어 내는 게 아니라 죽은 생물이 분해되면서 나오는 양분을 먹고 살아요. 그래서 식물도 동물도 아닌 균류로 따로 분류해요.

원생생물은 머리카락 두께 안에 200마리가 한 줄로 설 수 있어요.

"현미경이 발명되고 나서야 사람들은 미생물의 존재를 알게 됐어요. 크기가 이렇게 작으니까 오랫동안 발견하지 못한 거겠죠?"

흔히 세균이라고 하면 병을 일으키는 나쁘고 위험한 것으로 생각해서 모두 없애야 한다고 생각하지만 실제로 세균 중 병을 일으키는 것은 아주 일부분이고 대부분은 지구와 인간 모두에게 꼭 필요한 존재예요.

산소를 만들어 지구에 생명이 살 수 있게 해 준 것도, 식물이 육지로 올라오게 도와준 것도, 흙을 만들어 여러 식물과 동물이 살아갈 수 있게 해 준 것도 세균이에요. 또 동물의 몸속에서 소화가 잘되도록 열심히 일하는 것도 세균이지요. 세균과 같은 미생물 없이는 어떠한 생명도 살아갈 수가 없어요.

바위나 돌이 비와 바람, 온도 차에 의해 잘게 쪼개지면 흙이 된다고 하지만 바위가 잘게 부서졌다고 다 흙이 되는 건 아니에요. 미생물이 동식물의 사체나 배설물들을 분해해서 부스러진 돌을 영양분이 있는 상태로 만들어야 흙이 되는 거지요. 영양분을 만드는 것뿐만 아니라 생물의 사체를 썩게 하는 것 자체도 미생물이 하는 큰일 중 하나예요. 미생물이 없다면 죽은 동물이나 식물이 썩지 않은 채로 지구를 가득 채웠을 거예요. 또 미생물은 식물의 뿌리털에 실처럼 연결되어 자라나서 뿌리털이 닿지 못하는 더 깊은 땅속의 물과 영양분을 식물에 전해 주기 때문에 식물이 잘 자라는 데도 꼭 필요해요.

손가락 끝에 올려놓은 부엽토 1g 속에는 원생생물 3만 마리, 곰팡이 40만 마리, 박테리아 수십만 마리의 미생물이 들어 있어요.

나무줄기는 단단해서 소화시키기 어려운 먹이예요. 하지만 흰개미는 장 속에 살고 있는 미생물들이 나무를 분해해 주기 때문에 나무만 먹으면서 살 수 있어요.

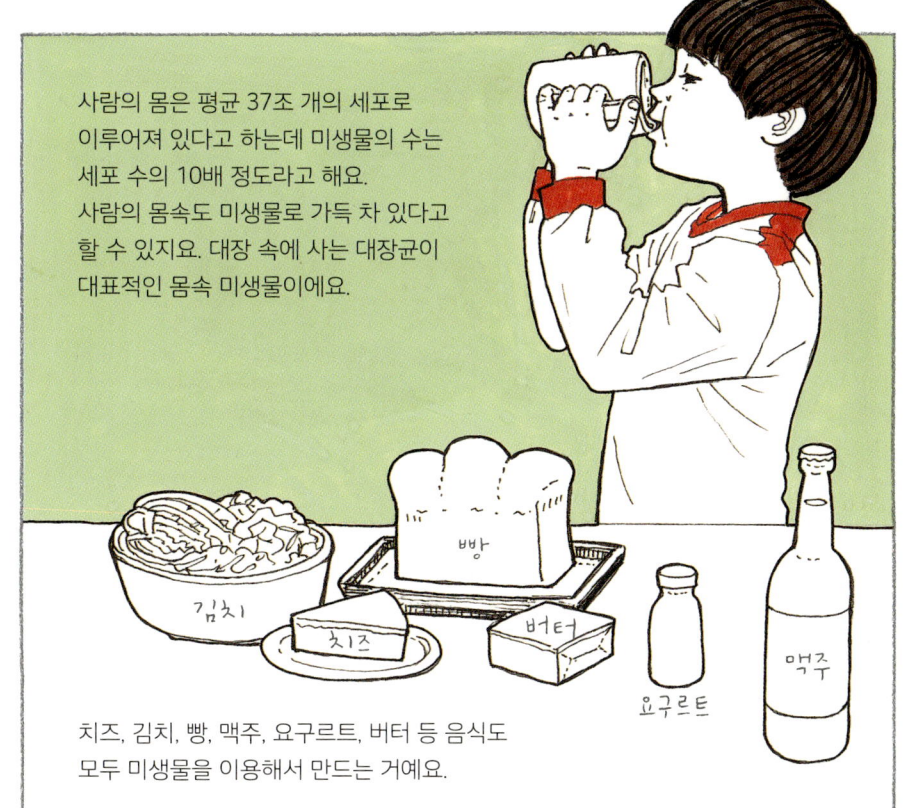

사람의 몸은 평균 37조 개의 세포로 이루어져 있다고 하는데 미생물의 수는 세포 수의 10배 정도라고 해요. 사람의 몸속도 미생물로 가득 차 있다고 할 수 있지요. 대장 속에 사는 대장균이 대표적인 몸속 미생물이에요.

치즈, 김치, 빵, 맥주, 요구르트, 버터 등 음식도 모두 미생물을 이용해서 만드는 거예요.

소나 염소, 영양 같은 초식 동물들이 먹는 풀은 억세고 소화가 어려운 먹이예요. 그래서 되새김질로 여러 번 씹어서 소화를 시키는데 반추위에 들어 있는 미생물이 풀을 부드럽게 만들어 질긴 섬유질을 소화할 수 있게 해 주는 거예요. 모든 초식 동물은 미생물이 없으면 살아갈 수 없어요.

대륙의 이동

2억 년 뒤에는 지구의 대륙이 한 덩어리가 된다고요?

과학자들은 앞으로 2억 년이 지나면 지구에 있는 일곱 개의 대륙이 모두 뭉쳐져서 한 덩어리가 될 것이라고 생각해요. 그런데 대륙들이 하나로 뭉쳐지는 게 이때가 처음은 아니에요. 2억 5000만 년 전인 고생대 말에도 지구의 대륙은 한 덩어리로 모여 있었어요. 대륙들이 모였다 흩어졌다 하는 일은 늘 일어나는 일이라는 거예요.

2억 년 뒤 지구의 대륙

1912년 독일의 기상학자 알프레트 베게너는 남아메리카 대륙과 아프리카 대륙의 경계선이 딱 맞아떨어지는 것을 보고 본래는 한 덩어리였던 땅이 쪼개진 것이 아닐까 생각했어요. 그래서 대륙이 움직인다는 '대륙 이동설'을 주장하면서 커다란 한 덩어리 대륙을 '판게아'라고 불렀어요.

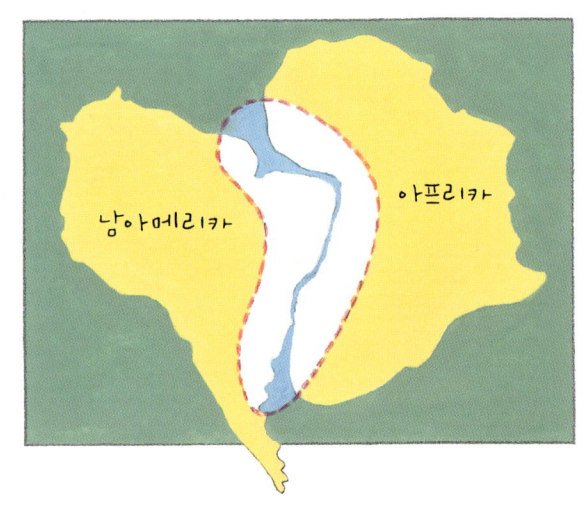

"지구의 대륙은 지구가 생긴 이후부터 모였다 흩어졌다를 반복하고 있어요."

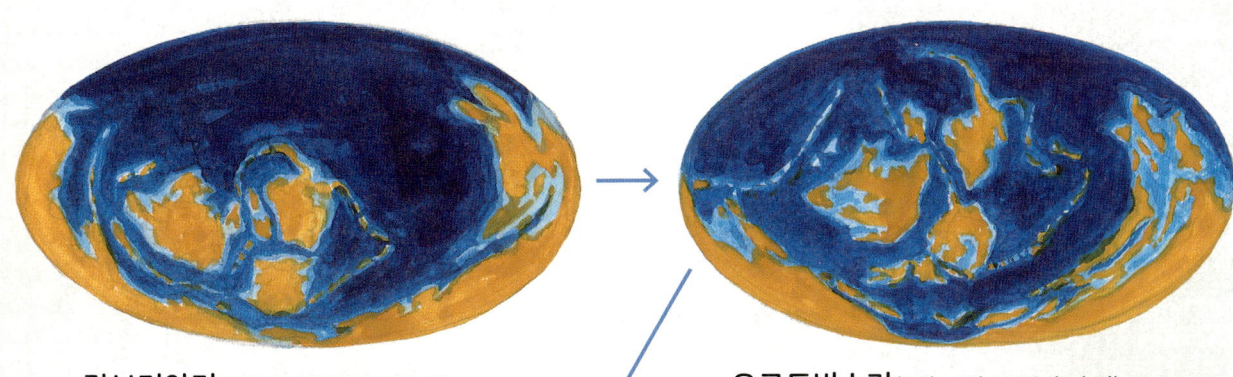

캄브리아기(5억 7000만~5억 년 전)
대부분의 대륙들이 남반구에 모여 있었고 북쪽으로 움직이기 시작해요.

오르도비스기(5억~4억 3500만 년 전)
오르도비스기 동안 해수면이 높아 대륙들의 상당 부분이 얕은 바다에 잠겨 있었고, 적도 부근까지 이동했어요.

실루리아기(4억 3500만~4억 1000만 년 전)
세 대륙이 합쳐지면서 그 사이에 있던 이아페투스해가 사라지고 칼레도니아산맥(미국의 애팔래치아산맥에서 캐나다와 영국의 스코틀랜드를 거쳐 스칸디나비아반도까지 이어지는 긴 산맥)이 형성되지요.

데본기(4억 1000만~3억 4500만 년 전)
맨 밑에 있는 대륙이 지금의 아프리카, 남아메리카, 오스트레일리아가 분리되기 전의 대륙으로, 남극에 가까워지면서 추워져요.

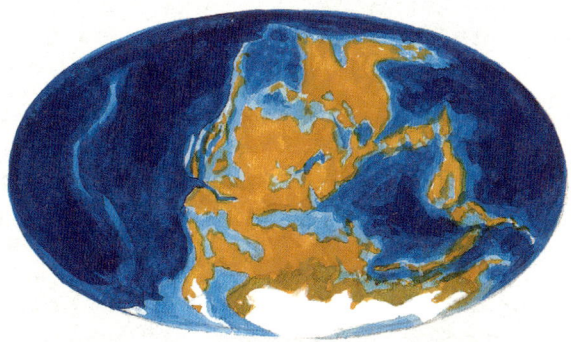 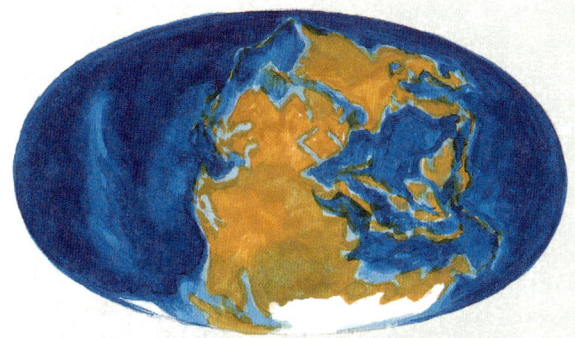

석탄기(3억 4500만~2억 8000만 년 전)
상중하의 세 대륙이 합쳐지기 시작하면서 우랄산맥이 생겨요. 북반구의 대륙에 남극, 남아메리카, 아프리카, 마다가스카르, 오스트레일리아, 뉴질랜드가, 남반구의 대륙에 아라비아반도, 인도 대륙이 속해 있어요.

페름기(2억 8000만~2억 4500만 년 전)
북쪽의 로렌시아 대륙과 남쪽의 곤드와나 대륙이 부딪치면서 북극에서 남극까지 모든 육지가 이어진 초대륙 판게아가 만들어져요.

중생대는 한 덩어리 대륙인 판게아 상태로 시작하게 되는데, 떨어져 있던 대륙들이 모이면서 중간에 있던 바다가 사라져 그곳에 모여 살던 수많은 바다 생물들이 살 곳을 잃게 돼요. 또 서로 다른 대륙에 살던 동물과 식물이 한 군데 모이면서 새로운 경쟁을 해야 하고, 넓어진 땅 때문에 기후가 덥고 건조해지면서 중생대는 고생대와는 전혀 다른 새로운 생태계가 생겨나게 돼요.

2억 2500만 년 전
페름기 말기부터 트라이아스기 중기까지 만들어졌던 하나의 대륙을 판게아라고 불러요. 대륙들이 합쳐지면서 미국의 애팔래치아산맥이나 유럽과 아시아 사이의 우랄산맥같이 큰 산맥들이 생겨나요.

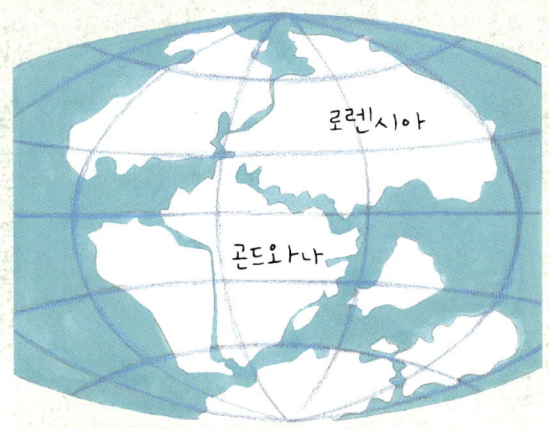

1억 5000만 년 전
이후 쥐라기와 백악기, 중생대 내내 곤드와나 대륙의 남아메리카와 아프리카 사이가 멀어지면서 새로운 바다 대서양이 생겨나요.

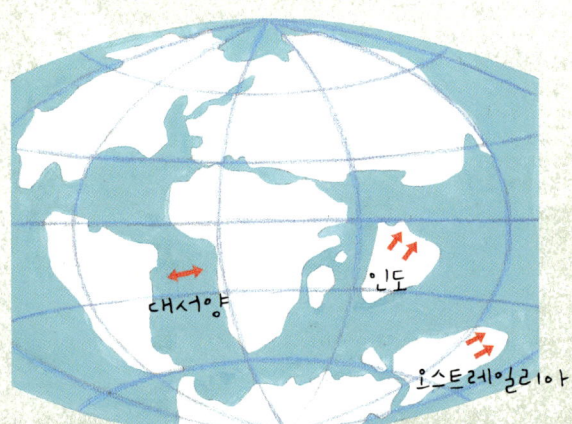

6500만 년 전
신생대가 시작되는 이 무렵부터 대륙과 바다의 모습이 지금과 비슷해져요. 대서양은 계속 넓어지고, 인도 대륙은 적도를 지나 북쪽으로, 오스트레일리아 대륙은 남극에서 떨어져 나와 적도 쪽으로 움직이기 시작해요.

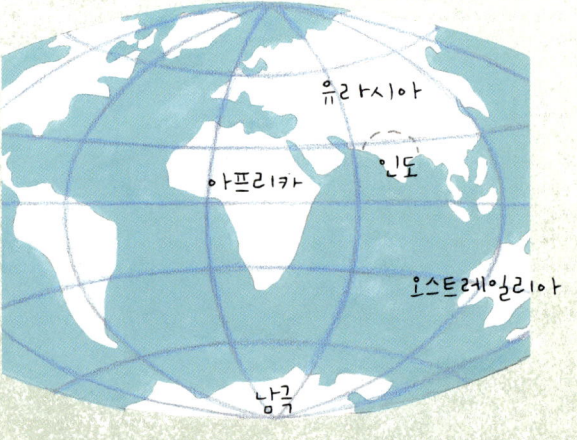

현재
계속 북쪽으로 움직이던 인도 대륙이 마침내 유라시아 대륙과 부딪혀 히말라야산맥을 만들었고 지금도 계속 밀려 올라가고 있어요. 북아메리카 대륙도 유라시아 대륙과 떨어진 뒤 남아메리카와 연결되면서 지금의 대륙 모양이 만들어졌어요.

이렇게 대륙이 움직이는 이유는 지구의 지각이 여러 개의 판으로 이루어져 있고 이 판들이 계속 움직이기 때문이에요. 각각의 판은 단단하고 거의 변형되지 않지만 가장자리가 서로 부딪치거나 멀어지면서 변형이 생기게 돼요. 그렇기 때문에 화산 활동이나 지진, 산맥의 형성 등의 지각 변동이 판 가장자리에서 주로 생기는 거예요.

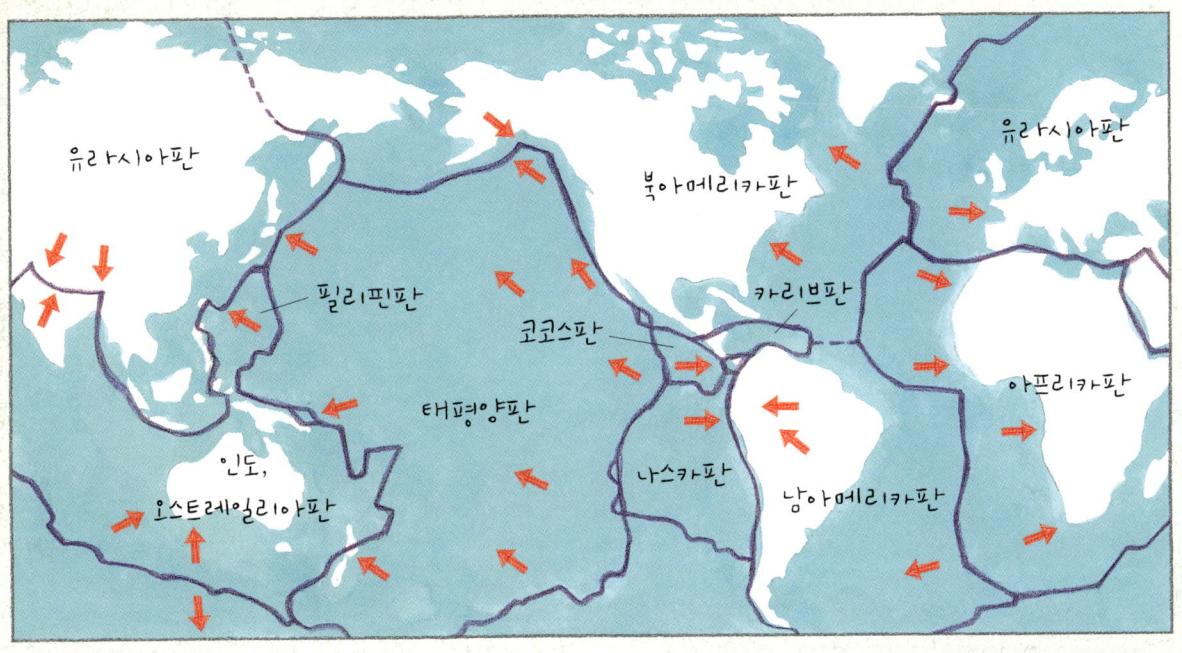

지구의 지각은 6개의 큰 판과 여러 개의 작은 판으로 이루어져 있어요. 일본은 유라시아판, 필리핀판, 태평양판, 세 판의 경계에 위치해 있어서 지진 같은 지질 활동이 자주 일어나요. 그리고 남아메리카와 아프리카도 계속 멀어지고 있지요.

이렇게 판이 움직이는 것은 지구 내부의 열이 온도 차이로 섞이는 대류 현상인 맨틀 대류 때문이에요. 맨틀이 매우 느리기는 하지만 계속 움직이고 그 위에 올라탄 판들도 같이 움직여 대륙이 쉬지 않고 이동하게 되는 거예요.

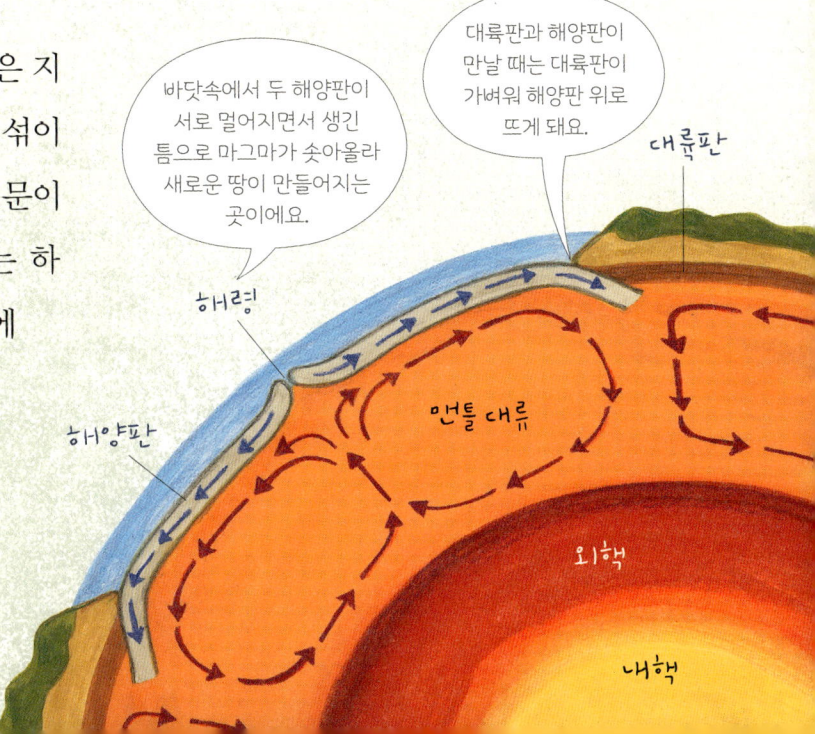

지구의 환경

오존과 온실가스는 좋은 건가요, 나쁜 건가요?

오존은 태양의 자외선을 막아 주어 생물이 살 수 있게 해 줘요. 자외선에 오랫동안 노출되면 생명체 모두에게 위험해요. 그런데 오존을 조심하라는 오존 주의보는 왜 내려지는 걸까요? 또 요즘에는 온실가스가 만드는 지구 온난화가 모두의 걱정거리라고 해요. 지구의 온도를 일정하게 유지해 주는 온실가스가 없어도 우리는 살 수 없어요. 그런데 왜 온난화를 걱정하며 온실가스를 줄여야 한다고 하는 걸까요?

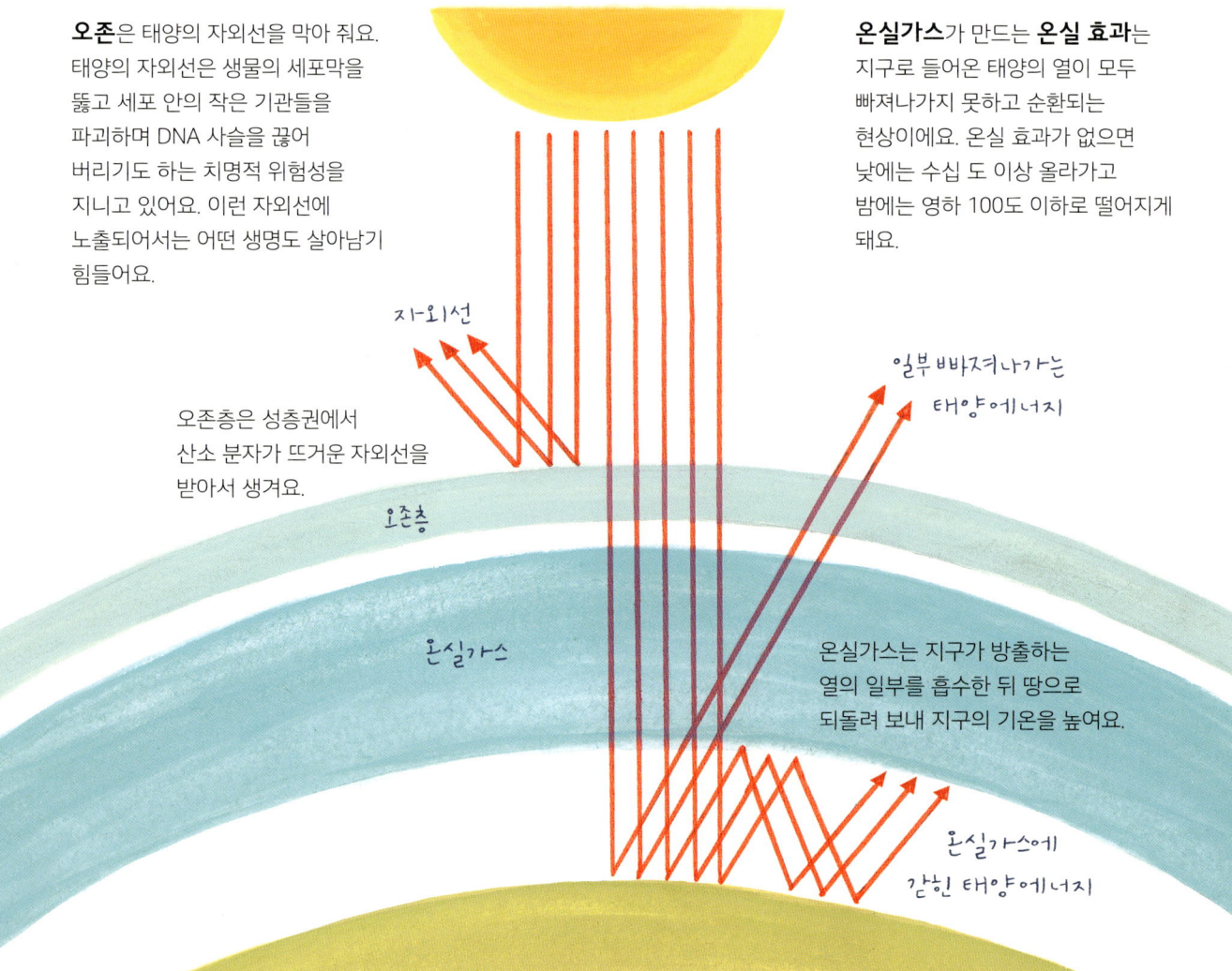

오존은 태양의 자외선을 막아 줘요. 태양의 자외선은 생물의 세포막을 뚫고 세포 안의 작은 기관들을 파괴하며 DNA 사슬을 끊어 버리기도 하는 치명적 위험성을 지니고 있어요. 이런 자외선에 노출되어서는 어떤 생명도 살아남기 힘들어요.

오존층은 성층권에서 산소 분자가 뜨거운 자외선을 받아서 생겨요.

온실가스가 만드는 **온실 효과**는 지구로 들어온 태양의 열이 모두 빠져나가지 못하고 순환되는 현상이에요. 온실 효과가 없으면 낮에는 수십 도 이상 올라가고 밤에는 영하 100도 이하로 떨어지게 돼요.

온실가스는 지구가 방출하는 열의 일부를 흡수한 뒤 땅으로 되돌려 보내 지구의 기온을 높여요.

이렇게 생명이 살아가는 데 꼭 필요한 오존과 온실가스가 문제가 되는 건 오존은 있어야 할 곳이 아닌 곳에 생기기 때문이고, 온실가스는 필요한 양보다 너무 많이 생기기 때문이에요.

오존은 산소 원자 세 개가 모여서 만들어지는데, 산소는 반응성이 큰 물질이어서 세포에 직접 닿으면 위험해요. 그래서 인간을 포함한 지구에 사는 생물들은 껍데기나 피부를 만들어 세포가 산소와 직접 닿지 않으면서 호흡에 산소를 이용하는 형태로 진화한 거예요. 그런데 오존은 산소보다 더 반응성이 크기 때문에 독성이 강해 공기 중에 극소량만 섞여 있어도 위험한 거예요. 오존은 식물의 광합성이나 호흡을 방해하고 동물과 인간의 기관지를 공격하기 때문에 오존에 노출되면 가슴이 아프고 기침이 나며 메스꺼워요.

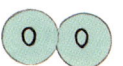
산소 원자 2개
산소(O_2)

산소 원자 3개
오존(O_3)

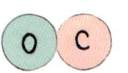
산소 원자 1개
탄소 원자 1개
일산화 탄소(CO)

산소 원자 2개
탄소 원자 1개
이산화 탄소(CO_2)

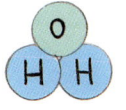
산소 원자 1개
수소 원자 2개
물(H_2O)

산소 원자 1개
질소 원자 1개
일산화 질소(NO)

“산소가 다른 물질에 반응하는 것을 '산화'라고 해요. 반응성이 크다는 것은 잘 달라붙는다는 뜻이에요. 껍질을 깎아 놓은 사과가 갈색으로 변하는 것도 사과의 세포가 공기 중의 산소와 달라붙어 파괴되는 거예요.”

오존이 되는 질소 산화물은 대부분 자동차에서 나와요. 자동차에서 배출되는 배기가스 중 질소는 자동차 엔진의 높은 압력과 열에 의해 일산화 질소(NO)나 이산화 질소(NO_2)로 배출돼요.

일산화 질소(NO)나 이산화 질소(NO_2)의 산소 원자(O)가 질소 원자(N)와 떨어지면서 공기 중에 있던 산소 분자(O_2)와 합쳐져서 오존(O_3)이 공기 중에 만들어져요.

“자연 상태에서는 대류권에 오존이 거의 생기지 않지만 사람들이 만들어 내는 자동차 배기가스와 공장 매연이 열을 받으면 오존이 만들어져요. 그래서 바람이 적고 햇볕이 뜨거운 여름에 오존 주의보가 내려지는 거예요.”

온실가스는 수증기(72%), 이산화 탄소(9%), 메탄(4%), 오존(3%) 등으로 이루어져 있어요. 이 중 이산화 탄소는 석유나 석탄 같은 화석 연료를 태울 때 주로 생겨나요. 메탄도 화석 연료를 태울 때, 비료나 쓰레기 더미에서, 또 소나 양 같은 초식 동물들이 풀을 소화시킬 때도 생겨나지요. 둘 다 사람들이 살아가면서 냉방과 난방을 하고 자동차를 움직이고 식량을 생산하면서 1초도 쉬지 않고 만들어 내고 있는 기체들이에요. 그러니 대기 중에 이산화 탄소와 메탄의 양이 많아질 수밖에 없지요. 그러다 보니 온실가스층이 두터워져 지구 밖으로 빠져나가지 못하는 햇빛의 양이 늘어나고, 그 결과 지구의 평균 기온이 올라가는 현상이 나타나지요. 이를 온난화라고 해요.

지구가 따뜻해지는 게 왜 그렇게 큰 문제일까요? 북극의 얼음이 녹아서 북극곰이 사라지게 되는 것도 작은 문제라고 할 수는 없지만 사실은 그보다 훨씬 큰일이 일어날 수도 있거든요. 온난화가 계속된다면 지구의 거의 모든 생물이 멸종하는 대멸종기가 올 수도 있어요. 원인은 여러 가지로 볼 수 있고, 또 원인인지 결과인지 단정 지을 수는 없으나 모든 대멸종 때 반드시 일어나는 규칙이 온난화이거든요.

사람들은 100년 만에 이산화 탄소 농도를 0.03%에서 0.06%로 두 배 올려놓았어요. 지금처럼 온난화가 계속된다면 페름기 말과 같은 대멸종 단계로 접어드는 것을 막을 수 없게 될 거예요.

지구의 대기

달에서는 낮에도 하늘이 까맣다고요?

태양이 떠 있는데도 하늘이 까맣고 별이 총총 떠 있다면 많이 이상하겠죠? 달에서는 밤이나 낮이나 하늘이 까매요. 이것은 지구에서 낮에 하늘이 파랗게 보이는 게 태양 때문이 아니라는 얘기지요. 하늘이 파랗게 보이는 건 공기, 바로 대기 때문이에요. 그래서 대기가 없는 달에서는 낮에도 하늘이 까맣게 보이는 거예요. 지구에서 달 표면이 선명하게 보이는 이유이기도 하지요.

햇빛이 지구의 대기를 통과할 때 대기 속에 있는 공기 분자나 먼지, 수증기 등에 부딪혀 반사되어 흩어지는 빛의 산란 현상이 일어나요. 이때 파장이 짧은 파란빛이 공기 분자나 먼지와 더 많이 부딪혀 빨간빛보다 산란이 훨씬 많이 일어나요. 우리 눈은 산란된 빛만 볼 수 있기 때문에 하늘이 파랗게 보이는 거예요.

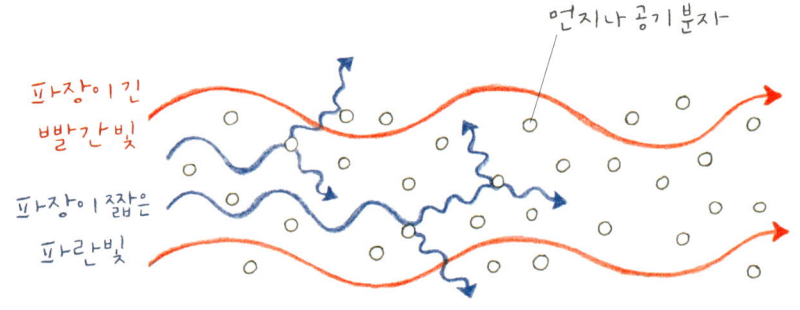

"그렇다면 노을이 질 때는 왜 하늘이 빨갛게 보일까요? 해가 질 때는 햇빛이 낮보다 훨씬 두꺼운 대기층을 통과해야 해요. 그래서 먼저 산란한 파란빛은 지표면까지 도달하지 못하고 파장이 길어 멀리까지 갈 수 있는 붉은빛만 우리 눈에 보이게 되는 거예요."

대기란 지구 중력에 의해 흩어지지 않고 지구 주위를 둘러싸고 있는 기체를 말해요. 이 기체의 층을 대기권이라고 하지요. 대기는 땅에서 높이가 올라갈수록 희박해지고 결국에는 없어지는데, 대기권은 높이에 따라 달라지는 중력의 차이나 구성 기체 분자의 밀도에 따라 여러 층으로 나뉘어요.

> "어디까지가 지구의 하늘이고 어디서부터 우주 공간(외계)일까요? 공기가 갑자기 없어지는 게 아니기 때문에 꼭 집어서 얘기하기는 어려워요. 보통 1000km 넘어서부터를 '우주 공간'이라고 하는데 높이가 100km 넘어가는 부분부터는 비행기도 날 수 없고 거의 진공 상태가 되지요. 78km 이상에서는 하늘도 까매져요. 국제 우주 정거장(ISS)의 궤도 높이도 270~460km 정도이니까 사실상 100km를 넘어서면 우주 공간이라고 할 수 있어요."

오로라가 생기는 곳이에요. 공기의 밀도가 매우 낮아 기체 분자가 아주 빠르게 움직이기 때문에 열에너지를 많이 내는 층이라서 열권이라고 불러요. 다시 높이가 높아질수록 온도도 높아져요.

기온이 가장 낮은 공기층으로, 공기의 상하 이동이 거의 없어 매우 안정된 층이에요. 구름이 조금 생겨나지만 기상 현상은 일어나지 않아요. 높이가 높아질수록 온도가 내려가는 층이에요.

대류권과 반대로 높이 올라갈수록 온도가 올라가는데, 이는 오존이 자외선을 흡수하면서 가열되기 때문이에요. 성층권에서는 대기가 안정된 상태로 유지되어 난류가 발생하지 않아요. 그래서 큰 비행기들이 이곳으로 다녀요. (비행기 고도 11~13km)

우리가 살고 있는 땅과 붙어 있는 대기의 층으로, 전체 대기의 80%가 모여 있어요. 대류권에서는 햇빛에 데워진 땅에서 나오는 복사열로 온도가 올라가기 때문에 높이가 높아질수록 기온이 낮아져요.

대기는 하늘을 파랗고 예쁘게 보이게 해 주는 것뿐만 아니라 태양의 자외선을 막아 주고 우주에서 날아오는 웬만한 유성체를 막아 주는 등 보호막 역할을 해서 지구에 생명들이 살 수 있게 해 주지요. 물론 우리가 숨을 쉬고 사는 것도 대기 때문이고요. 그리고 바람이 불거나 눈, 비가 내리는 기상 현상도 대기가 있어서 일어나는 일이에요.

대기가 없는 달에서는 기상 현상이 없어 풍화 작용도 일어나지 않아요. 그래서 표면에 부딪힌 운석의 흔적이 만들어졌을 때의 모습 그대로 남아 있고, 달에 처음 발을 디딘 우주인의 발자국도 아직 그대로 남아 있어요. 정지 상태인 것 같은 달과 달리 지구가 살아 움직이는 것처럼 보이는 것은 대기가 끊임없이 움직이기 때문이에요.

이렇게 대기가 움직이는 것은 대류 현상 때문인데, 주전자의 물이나 대기는 물론이고 지구적 규모의 맨틀이나 해류에 이르기까지 모든 액체나 기체에는 대류 현상이 일어나요.

대류 현상의 기본 에너지는 열이에요. 액체든 기체든 한 곳이 뜨거워지면, 뜨거운 부분과 차가운 부분이 서로 섞이며 열의 균형을 이루려는 움직임이 일어나요. 이때의 규칙은 항상 차가운 쪽이 뜨거운 쪽으로 움직인다는 거예요.

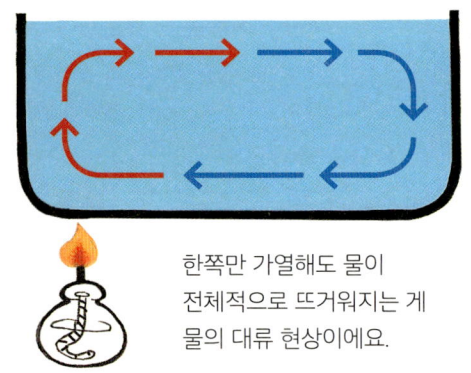

한쪽만 가열해도 물이 전체적으로 뜨거워지는 게 물의 대류 현상이에요.

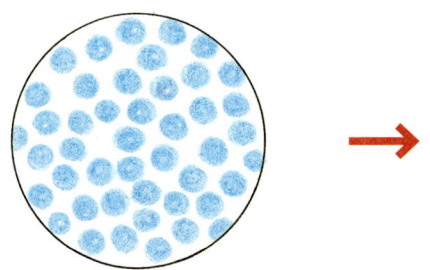

차가운 공기
온도가 낮으면 같은 공간에 분자 개수가 많아져 밀도가 높아지고 무게가 무거워져요.

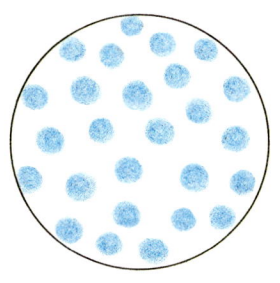

따뜻한 공기
온도가 높으면 같은 공간에 분자 개수가 적어져 밀도가 낮아지고 무게가 가벼워져요.

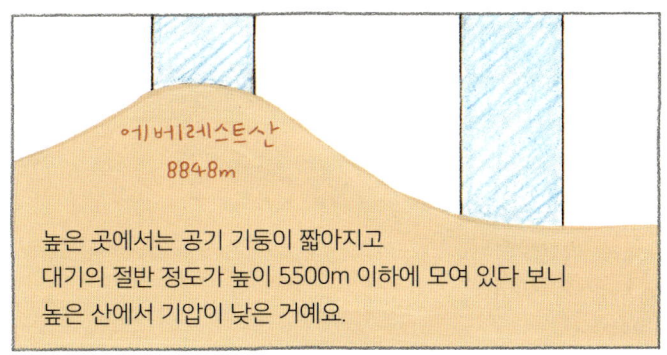

높은 곳에서는 공기 기둥이 짧아지고 대기의 절반 정도가 높이 5500m 이하에 모여 있다 보니 높은 산에서 기압이 낮은 거예요.

"기압은 '공기의 압력'이라는 말인데, 공기의 무게라고 할 수 있어요. 공기는 산소, 질소, 이산화 탄소 등의 기체로 이루어져 있어 아주 가볍기는 해도 무게가 없는 건 아니라서 양이 많아지면 무거워져요. 기압은 일정한 면적 안에 있는 공기 기둥 전체의 무게예요."

바람이 부는 이유도 태양에서 오는 열이 골고루 나뉘지 않아서 생기는 기압의 차이로 공기가 움직이기 때문이에요. 바람은 공기가 균형을 맞추려고 움직이는 현상이지요.

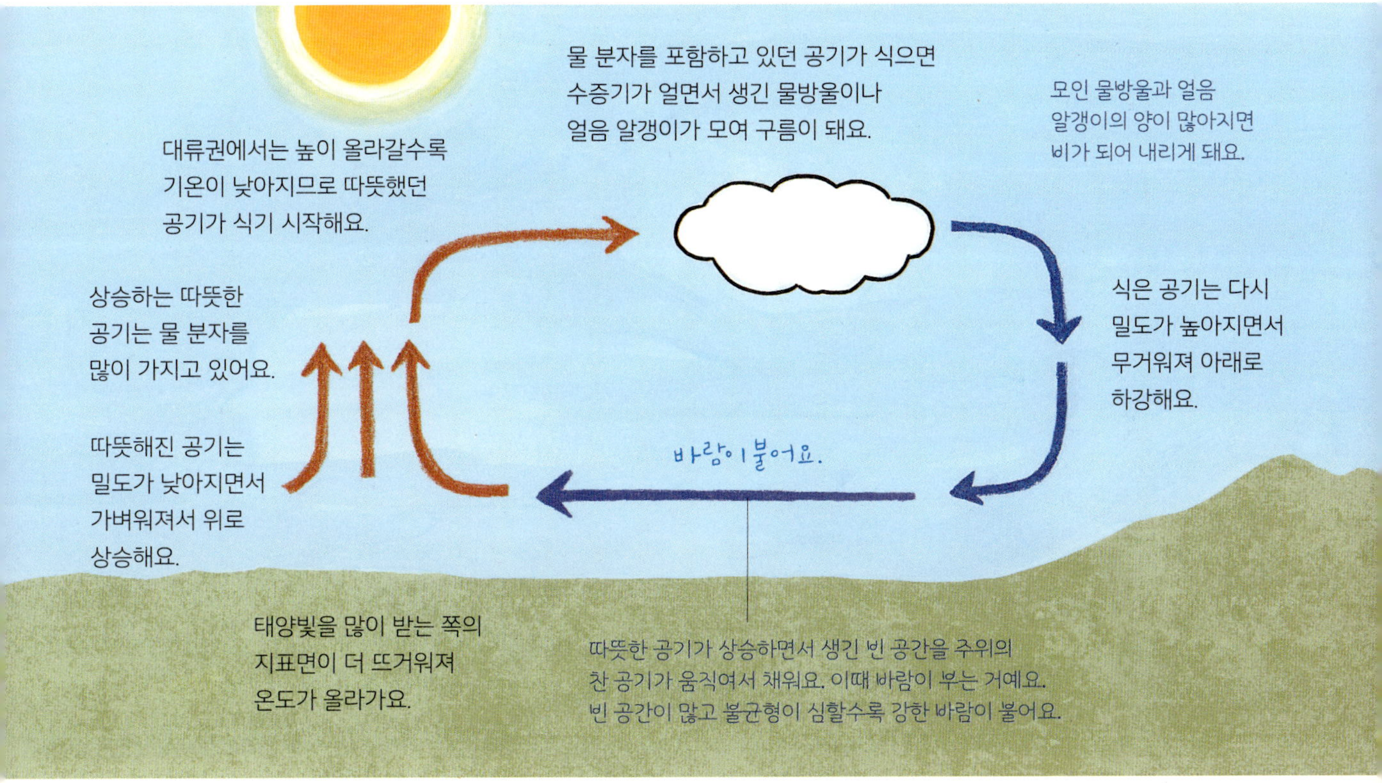

대류권에서는 높이 올라갈수록 기온이 낮아지므로 따뜻했던 공기가 식기 시작해요.

물 분자를 포함하고 있던 공기가 식으면 수증기가 얼면서 생긴 물방울이나 얼음 알갱이가 모여 구름이 돼요.

모인 물방울과 얼음 알갱이의 양이 많아지면 비가 되어 내리게 돼요.

상승하는 따뜻한 공기는 물 분자를 많이 가지고 있어요.

식은 공기는 다시 밀도가 높아지면서 무거워져 아래로 하강해요.

따뜻해진 공기는 밀도가 낮아지면서 가벼워져서 위로 상승해요.

바람이 불어요.

태양빛을 많이 받는 쪽의 지표면이 더 뜨거워져 온도가 올라가요.

따뜻한 공기가 상승하면서 생긴 빈 공간을 주위의 찬 공기가 움직여서 채워요. 이때 바람이 부는 거예요. 빈 공간이 많고 불균형이 심할수록 강한 바람이 불어요.

이렇게 순환하는 대기의 대류 현상으로 바람이 불고 구름이 만들어져 비와 눈이 내리는 기상 현상이 생기고, 또 어느 정도 일정한 기온이 유지되어 우리가 살아갈 수 있는 거예요.

자전과 공전

처음 지구가 생겼을 때는 하루가 네 시간이었다고요?

지구가 이제 막 생겨난 45억 년 전에는 하루가 네 시간 정도였어요. 지구가 한 번 자전하면 하루가 지나는 것이니, 그때는 지구의 자전 속도가 엄청 빨랐다는 거예요. 또 지구와 달의 거리도 지금보다 가까워서 달이 훨씬 크게 보였어요. 거리가 가까운 만큼 달의 인력(끌어당기는 힘) 때문에 생기는 조수 간만의 차이도 커서 밤낮으로 바닷물이 수십, 수백 미터씩 오르내렸어요.

우리가 그때에 살았다면 달이 커서 더 예뻤을지는 모르지만 휙휙 지나가는 아침과 저녁, 산더미처럼 밀려왔다 밀려가는 밀물과 썰물로 정신이 없었을 거예요. 지구의 자전 속도는 계속 느려져 하루가 24시간이 되었고, 지금도 조금씩 느려지고 있고 달과의 거리도 조금씩 더 멀어지고 있어요.

> "달은 지구의 위성으로 지구를 공전하는데, 자전 주기와 공전 주기가 27.3일로 같아요. 그래서 우리는 달의 한쪽 면밖에 볼 수 없어요."

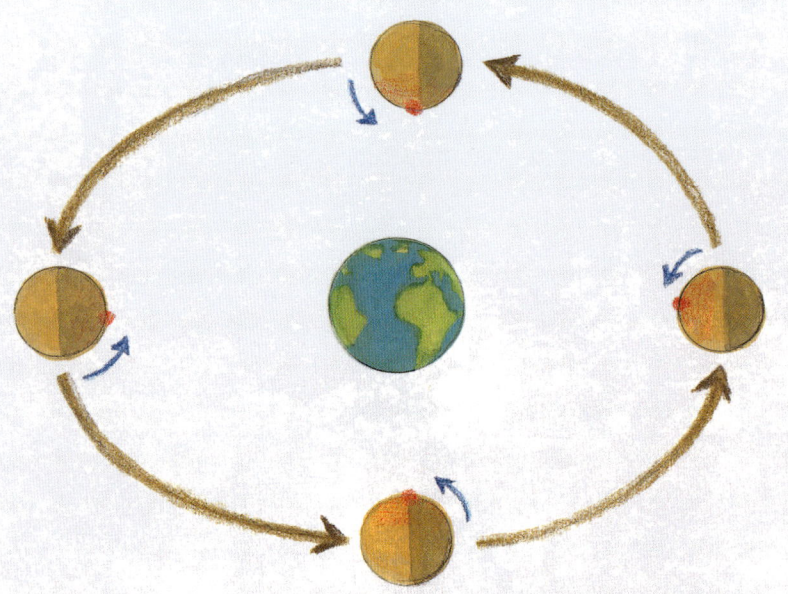

달이 늘 같은 얼굴을 보여 주는 건 우연의 일치가 아니에요. 모행성을 공전하는 위성은 대부분 공전과 자전 주기가 같아요. 서로 가까운 천체는 서로 밀접하게 영향을 주고받게 되고, 결국 둘 중 큰 천체의 인력에 묶이거든요. 달도 처음에는 좀 더 빠르게 자전했지만 지금은 지구의 인력에 묶여 자전 속도가 공전 속도에 맞춰진 거예요. 지구의 자전 속도가 느려지는 것도 달의 인력 때문이에요.

천체가 스스로 한 바퀴 도는 것을 자전이라고 하고, 태양을 한 바퀴 도는 것을 공전이라고 하지요. 흔히 한 번 자전하면 하루(해돋이에서 다음 해돋이까지)가 지나는 것으로 생각하지만 모든 천체가 꼭 그런 것은 아니에요.

수성

"수성은 세 번 자전해야 하루가 지나요. 수성의 자전 주기가 58.6일이니까 하루는 176일이에요. 그리고 공전 주기는 88일이니까 하루가 지나는 데 2년이 걸리는 거예요."

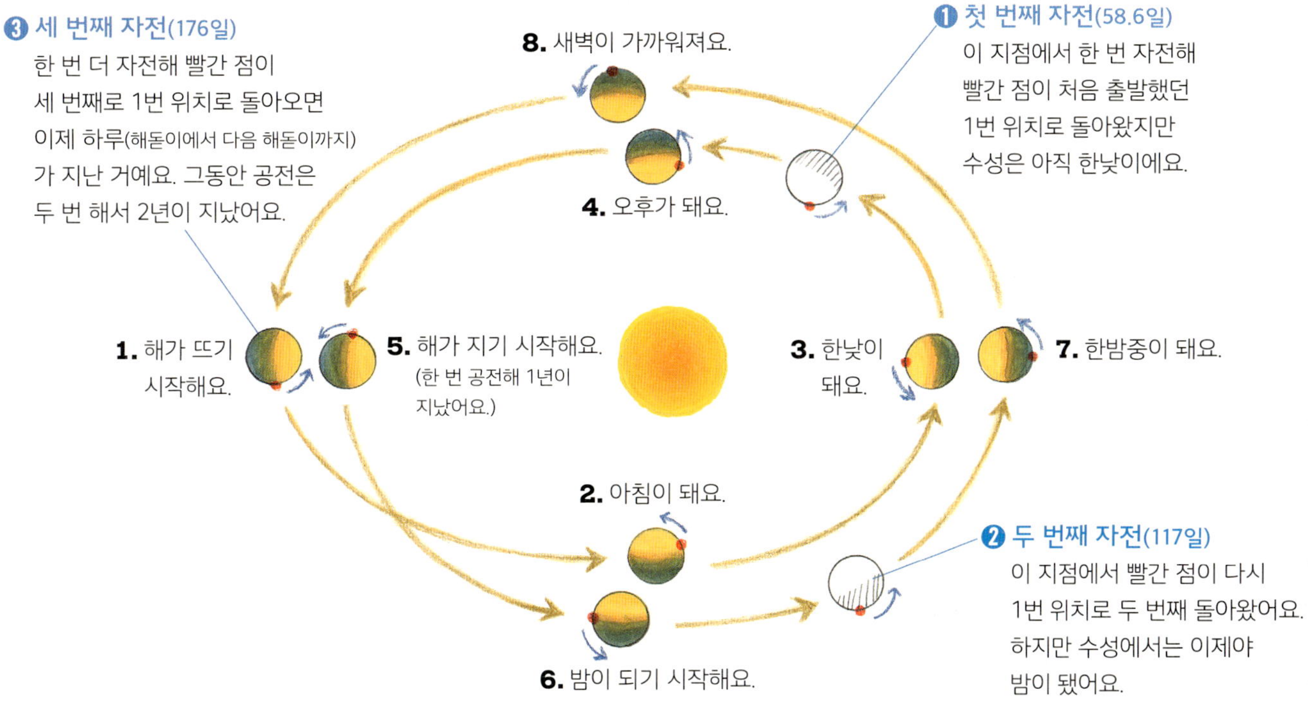

❸ **세 번째 자전(176일)**
한 번 더 자전해 빨간 점이 세 번째로 1번 위치로 돌아오면 이제 하루(해돋이에서 다음 해돋이까지)가 지난 거예요. 그동안 공전은 두 번 해서 2년이 지났어요.

8. 새벽이 가까워져요.

❶ **첫 번째 자전(58.6일)**
이 지점에서 한 번 자전해 빨간 점이 처음 출발했던 1번 위치로 돌아왔지만 수성은 아직 한낮이에요.

4. 오후가 돼요.

1. 해가 뜨기 시작해요.

5. 해가 지기 시작해요.
(한 번 공전해 1년이 지났어요.)

3. 한낮이 돼요.

7. 한밤중이 돼요.

2. 아침이 돼요.

❷ **두 번째 자전(117일)**
이 지점에서 빨간 점이 다시 1번 위치로 두 번째 돌아왔어요. 하지만 수성에서는 이제야 밤이 됐어요.

6. 밤이 되기 시작해요.

천왕성

"천왕성의 경우는 자전 주기가 17시간 4분으로 빠르게 자전하지만 자전축이 97.9도로 옆으로 쓰러져서 자전하기 때문에 아무리 자전을 해도 해가 지지 않아요. 84년에 걸쳐 공전을 한 번 하면 하루(해돋이에서 다음 해돋이까지)가 지나요."

여름일 때는 내내 낮

겨울일 때는 내내 밤

천왕성은 공전 주기가 84년으로 한 계절이 아주 길긴 하지만 태양과의 거리가 멀어 태양빛이 조금밖에 닿지 않기 때문에 여름과 겨울의 온도 차는 섭씨 2도 내로 거의 차이가 없어요. 그냥 쭉 추운 거지요.

모든 것은 움직이고 있어요. 달은 지구를 공전하고, 지구는 달과 함께 태양을 공전하고, 또 태양은 태양계 모두와 함께 우리은하 중심을 공전하고 있어요.

해왕성은 바다처럼 파랗게 보여서 해왕성이라는 이름이 붙었어요. 대기에는 메탄이 얼어붙은 흰 구름이 떠 있어요. 자전 주기는 16시간 7분이고 공전 주기는 165년이에요.

토성의 자전 주기는 10시간 40분이고 공전 주기는 29.5년이에요. 행성들 가운데 밀도가 가장 낮은 것이 특징으로, 바닷물에 띄우면 둥둥 떠다닐 거래요. 유난히 크고 밝은 고리는 쭉 이어진 것처럼 보이지만 실제로는 크기가 다른 수십억 개의 얼음 덩어리로 이루어져 있어요.

카이퍼대
해왕성 바깥쪽에서 태양 주위를 돌고 있는 작은 천체들의 집합체예요.

천왕성은 크기가 지구의 4배나 되는 가스 행성으로, 자전축이 97.9도 기울어져 거의 쓰러져서 자전해요. 자전 주기는 17시간 4분이고 공전 주기는 84년이에요.

오르트 구름
태양계 가장 바깥쪽 둥근 띠 모양의 먼지와 얼음 조각들의 거대한 집합소예요. 크기가 태양에서 명왕성까지 거리의 절반 정도로 커요. 장주기 혜성들이 생겨나는 곳이라고 생각해요.

지구의 공전 주기는 365일이고 자전 주기는 24시간이에요.

태양도 자전해요. 태양의 자전 주기는 적도에서는 25일, 극에서는 35일이에요.

금성은 다른 행성들과 반대로, 시계 방향으로 자전해서 해가 서쪽에서 떠서 동쪽으로 져요. 자전 주기가 244일이고 공전 주기는 224일로, 하루가 1년보다 길어요.

수성의 자전 주기는 58.6일이고 공전 주기는 88일로, 초속 50km의 어마어마한 속도로 공전해요. 태양에서 가장 가까운 수성은 이보다 속도가 느리면 태양의 인력에 끌려 들어가기 때문이에요.

화성은 자전 속도가 지구와 비슷해요. 자전 주기는 24.5시간이고 공전 주기는 687일로, 모든 계절이 지구보다 두 배 길어요. 태양계에서 행성들의 공전 속도에는 일정한 규칙이 있어요. 태양과 가까울수록 빨리 돌고, 멀수록 느리게 돌지요.

목성은 크기가 지구 1300개가 들어갈 수 있을 만큼 크고 질량은 태양계의 행성을 모두 합친 것의 2배나 되는 거대한 행성이에요. 공전 주기는 12년인데 자전 주기가 9시간 55분으로, 태양계 행성들 중 자전 속도가 가장 빨라요. 크기가 크다 보니 적도 부근의 회전 속도는 시간당 40만km에 달하는데, 이는 날아가는 총알의 50배에 이르는 빠르기예요. 이렇게 빠르게 자전하기 때문에 목성은 적도 부근이 불룩한 찌그러진 공 모양이에요.

소행성대
화성과 목성 사이에 있고 수많은 소행성이 이곳에서 발견되어 소행성대라고 불러요. 2010년 1월 현재 23만 1665개가 발견되었어요.

" 태양계의 행성들은 두 개의 무리로 나뉘는데, 태양 가까이 공전하는 수성, 금성, 지구, 화성은 지구형 행성이에요. 주로 암석으로 이루어져 있어 밀도는 크고 반지름과 질량은 작으며 자전 속도는 느린 편이에요. 태양에서 멀리 떨어져 공전하는 목성, 토성, 천왕성, 해왕성은 목성형 행성이에요. 주로 수소나 헬륨 같은 가벼운 기체로 이루어져 있어요. 대체로 크기가 크고 밀도는 작으면서 자전 속도가 빠른 편이에요. 목성형 행성에는 여러 개의 위성이 있고 모두 고리가 있어요. "

별

아침에 뜨는 별이 있다고요?

아침에 뜨는 별은 바로 태양이지요. 별의 정확한 뜻은 '스스로 빛을 내는 천체'로 다른 말로 하면 '항성'이에요. 태양은 스스로 빛을 내는 항성으로 태양계에 있는 단 하나의 별이에요. 우리 눈에 빛나는 것처럼 보이는 금성이나 화성은 모두 스스로 빛나는 게 아니라 태양의 빛을 반사해서 반짝이는 거예요. 그래서 태양계의 다른 행성들은 물론이고 지구도 별이 아니에요. 그러니까 흔히 '지구별'이라고 하는 말은 틀린 말이에요.

천체들의 정확한 이름들을 알아볼까요?

항성은 별과 같은 말로, 스스로 타면서 열이나 빛 등의 에너지를 내는 천체를 말해요. 태양을 제외한 태양계의 다른 모든 천체는 항성인 태양을 중심으로 공전해요.

행성은 스스로 빛을 내지 않고 태양 주위를 공전하면서 구 형태를 유지할 수 있을 만큼 충분한 질량을 가지며, 다른 행성의 위성이 아니고, 다른 천체와 공전 궤도가 겹치지 않는 천체를 말해요. 태양계에는 지구를 포함해 수성, 금성, 화성, 목성, 토성, 천왕성, 해왕성, 8개의 행성이 있어요.

왜소 행성은 행성과 소행성의 중간 정도 크기로, 구 형태를 유지할 수 있을 정도의 중력을 가지고 있으며 다른 행성의 위성이 아닌 천체예요.

명왕성
카이퍼대에 있는 왜소 행성이에요.

❝ 행성의 정확한 정의는 2006년 명왕성을 행성에서 제외하면서 정했으니 그리 오래되지는 않았어요. 명왕성은 크기가 작기도 했지만 다른 천체와 공전 궤도가 겹치고, 또 비슷한 크기의 천체가 주변에서 많이 발견되면서 '왜소 행성'이라는 개념을 만들어 내게 되었어요. ❞

소행성은 태양 주위를 공전하는 행성보다 작은 천체로, 행성, 위성, 혜성처럼 따로 이름이 있는 천체를 뺀 나머지라고 할 수 있어요. 이런 소행성이 수백만 개에 이르고 그중에는 지름이 겨우 몇 미터에 불과한 것도 있을 거라고 해요. 가스 꼬리가 없다는 점으로 혜성과 구별되지만 혜성이 다 타서 가스 꼬리가 사라지면 소행성으로 분류되기도 하고, 또 소행성이 태양과 가까워지면 꼬리가 생겨 혜성이 되기도 해요.

위성은 그냥 달이라고 생각하면 돼요. 행성의 인력에 묶여 행성을 공전하면서 그 행성과 함께 태양을 공전해요. 예전에는 행성 정도의 큰 천체에만 위성이 있다고 생각했지만 지금은 왜소 행성이나 소행성까지 웬만한 천체에 위성이 있다는 것을 알게 됐어요. 달이 없는 수성이나 금성, 달이 하나뿐인 지구가 특이한 경우인 거예요. 토성과 목성에는 60개가 넘는 위성이 발견되었고, 앞으로도 계속 발견될 거예요.

베스타

지름이 530km 정도로, 소행성대 전체 질량의 9% 정도가 되는 크고 밝은 소행성이에요.

프시케

지름이 210km 정도의 비교적 큰 소행성으로, 암석과 얼음으로 이루어진 일반적인 소행성과 달리 철과 니켈, 금 등 희귀 광물로 이루어져 있다고 해요.

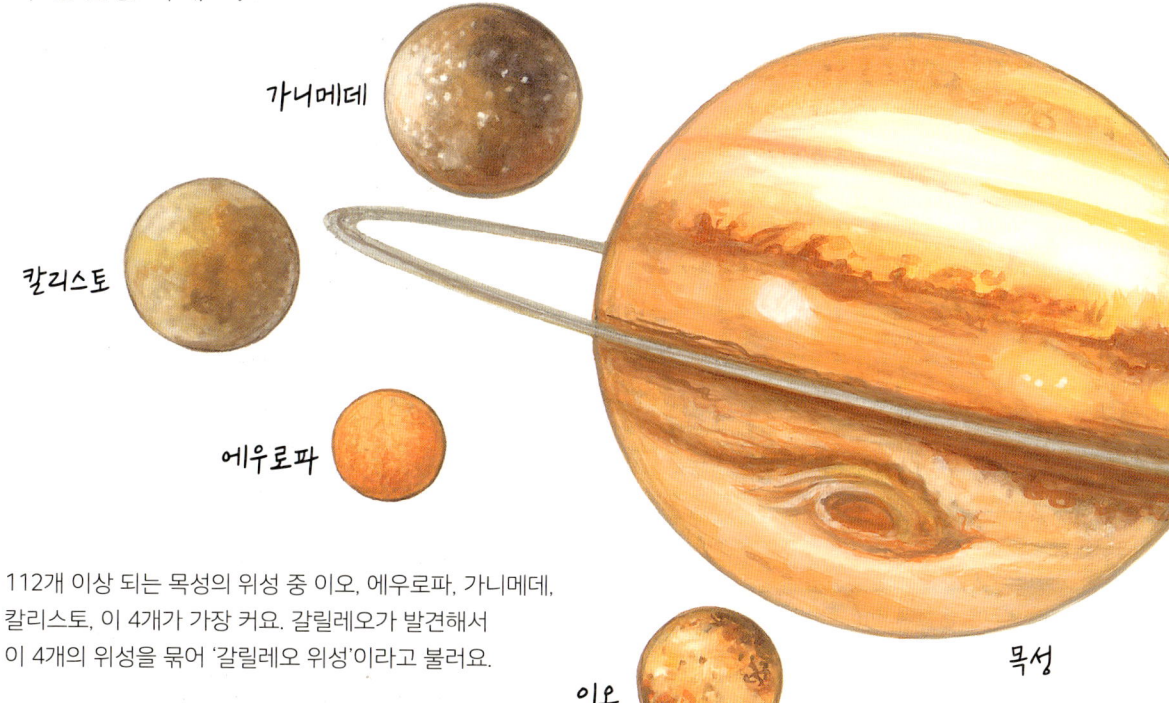

112개 이상 되는 목성의 위성 중 이오, 에우로파, 가니메데, 칼리스토, 이 4개가 가장 커요. 갈릴레오가 발견해서 이 4개의 위성을 묶어 '갈릴레오 위성'이라고 불러요.

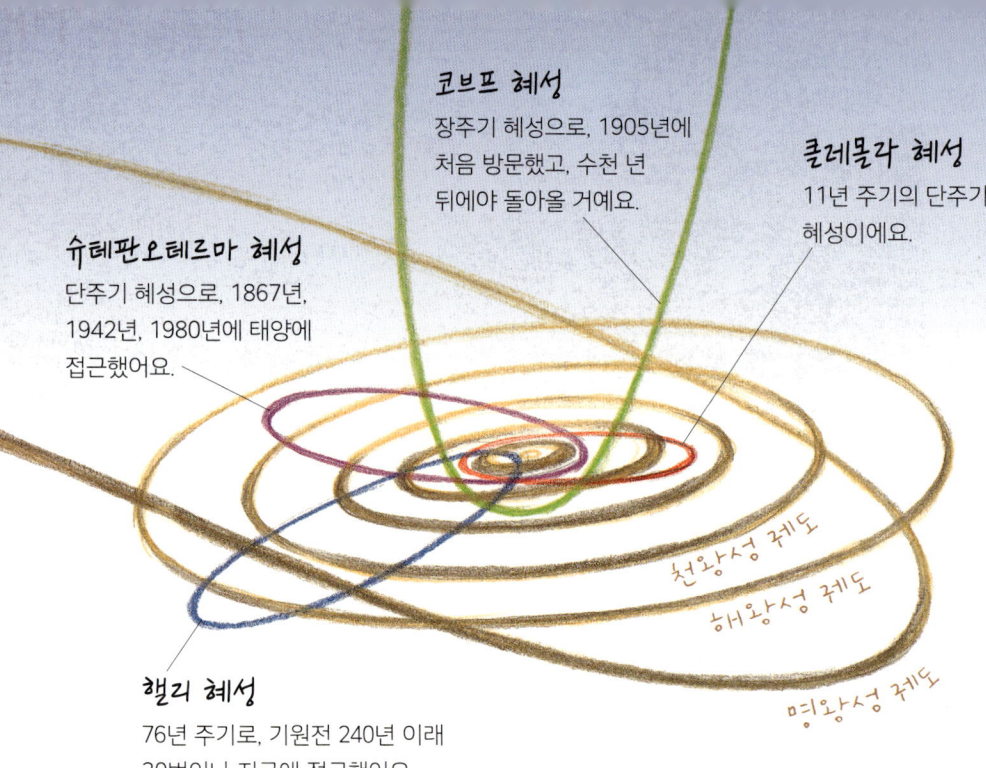

코브프 혜성
장주기 혜성으로, 1905년에 처음 방문했고, 수천 년 뒤에야 돌아올 거예요.

클레몰라 혜성
11년 주기의 단주기 혜성이에요.

슈테판오테즈마 혜성
단주기 혜성으로, 1867년, 1942년, 1980년에 태양에 접근했어요.

핼리 혜성
76년 주기로, 기원전 240년 이래 30번이나 지구에 접근했어요.

천왕성 궤도
해왕성 궤도
명왕성 궤도

혜성은 다양한 궤도로 태양 주위를 도는데 궤도 주기에 따라 종류를 구별해요. 장주기 혜성은 주기가 200년보다 길고 때로는 몇천 년씩 걸리기도 해요. 단주기 혜성은 목성처럼 큰 행성의 중력에 붙잡혀 주기가 짧아진 경우로, 20년보다 짧은 주기예요. 그리고 몇백만 년씩 걸리는 비주기성 혜성도 있어요.

혜성은 예전에는 아무 곳에서 갑자기 나타났다 사라지는 별이라고 생각했어요. 혜성이 갑자기 나타나는 이유는 혜성의 공전 궤도가 너무 길어 사람들이 궤도의 주기를 알아차리기 힘들었기 때문이에요. 혜성은 태양계가 만들어질 때 목성 바깥쪽에서 큰 덩어리로 뭉쳐지지 않고 남은 얼음이나 먼지 덩어리예요. 다른 천체와 구별되는 특징인 혜성의 꼬리는 태양과 가까워지면서 표면의 기체들이 증발해 생기는 것으로, 태양에서 멀어지면 꼬리도 사라져요. 그래서 태양과 가까이 도는 단주기 혜성은 얼음이 많이 녹기 때문에 수명이 짧아요.

> "유성과 운석은 달라요. 지구 근처를 지나가던 혜성과 소행성의 파편들이 지구 대기권 안으로 들어와 불타면서 떨어지는 것을 '유성' 또는 '별똥별'이라고 해요. 이때 모두 타지 않고 남은 파편이 땅에 떨어지면 이것이 운석이에요. 그러니까 '밤하늘에 운석이 떨어지고 있어요.'나 '운석이 지구를 향해 날아오고 있어요.'는 틀린 말이에요."

태양

태양의 중심핵에서는 바깥층의 거대한 압력 때문에 수소 핵폭탄이 터지는 것과 같은 핵융합 반응이 끊임없이 일어나고 있어요. 수소 원자핵 4개가 모여 질량이 더 작은 헬륨 원자핵 1개로 바뀌는데 이 과정에서 질량이 줄어들면서 남는 질량이 에너지로 변해 어마어마한 빛과 열이 생겨나는 거예요.

　태양계는 항성인 태양, 여덟 개의 행성, 몇백만 개에 이르는 혜성과 소행성으로 이루어져 있어요. 하지만 태양 같은 별이 약 1000억 개가 모여 우리 은하가 되고, 우리 은하 같은 은하가 약 1000억 개가 있는 우주의 크기를 생각하면 태양계에는 태양만 있다고 해도 틀린 말은 아니에요. 태양의 질량은 태양계 행성들을 다 합한 것의 1000배에 이르고, 다른 모든 천체가 태양의 인력에 묶여 있어 태양이 사라진다면 태양계의 어떤 천체도 지금처럼 존재할 수 없으니까요.

　그런데 태양이 사라지는 것은 언젠가는 일어날 일이에요. 태양도 다른 별들과 마찬가지로 수소를 연료로 하는 핵융합 반응을 통해 빛과 열을 내지요. 그래서 연료인 수소를 다 쓰고 나면 수명을 다하고 죽게 돼요. 태양 정도의 별은 보통 100억 년 정도 살아요. 태양은 지금까지 50억 년 정도 살았으니 앞으로 50억 년은 더 살 거예요. 태양이 사라지더라도 금방 일어날 일은 아니니 너무 걱정할 필요는 없어요.

별의 일생

중성자별
초신성 폭발 때 방출된 가스가 사라지고 나면 중성자로 가득 차 밀도가 아주 높은 중심핵이 남아요.

블랙홀
대부분의 적색 초거성은 중성자별이 되는데, 이보다 질량이 더 큰 경우에는 밀도가 엄청나게 높아져 빛조차 빠져나올 수 없을 정도로 큰 중력을 갖게 되어 모든 것을 끌어들이는 블랙홀이 되지요.

성운
우주 공간에 가스나 먼지들이 흩어져 있는 먼지구름이에요.

초신성은 폭발할 때 방대한 양의 물질을 우주 공간에 방출해요.

백색 왜성
표면의 가스가 모두 빠져나가고 남은 중심핵은 크기는 지구만 한데 질량은 태양만 한 조그만 흰색 별 백색 왜성이 돼요.

적색 거성의 외부를 둘러싸고 있던 가스는 수백만 년 동안 팽창과 수축을 반복하면서 우주 공간으로 차츰 빠져나가요.

초신성 폭발
질량이 큰 별이 죽을 때 한꺼번에 팍 터지면서 엄청난 빛을 내는 거예요.

적색 거성
부풀어 오른 별은 표면 온도가 내려가 붉은색으로 보이기 때문에 크고 붉은 별이라는 뜻으로 적색 거성이라고 불러요. 질량이 태양과 비슷한 별이 적색 거성이 돼요.

적색 초거성
질량이 태양의 10배 정도인 별은 적색 거성보다 큰 적색 초거성이 돼요.

연료가 되는 수소를 다 쓰고 나면 별은 죽음을 맞이해요. 헬륨으로 이루어진 중심핵은 더 이상 연료가 없어 별의 중력을 견디지 못해 찌부러지게 되고 이때 엄청난 열이 생겨나요. 그 열 때문에 별이 100배 정도 부풀어 올라요.

초신성 폭발로 생긴 압력으로
서로 뭉치고 비비적거리다가
밀도가 높아져요.

덩어리가 모이면 중력에
의해 회전하기
시작해요.

태양을 보면 알 수 있듯이 별이라고 영원히 사는 건 아니에요. 별도 사람처럼 태어나고 살다가 죽음을 맞이해 사라져요. 별의 운명은 태어날 때의 질량으로 정해지는데, 태양 정도의 별은 100억 년 정도 살아요. 태양보다 무거운 별은 크기가 커서 연료가 되는 수소를 훨씬 많이 쓰고 빨리 타기 때문에 수천만 년 정도로 수명이 짧아요. 이런 큰 별은 죽을 때도 꾸물거리지 않고 초신성 폭발 후 별 내부의 물질들이 우주 공간으로 팍 흩어져요. 그리고 이때 남은 중심핵은 중성자별이나 블랙홀이 되지요.

별이 죽을 때 폭발로 흩어진 먼지나 부스러기들은 우주 공간을 떠다니다가 다시 새로운 별의 재료가 돼요. 태양이나 지구도 아주 먼 옛날에 폭발한 어떤 별에서 태어났고, 우리도 마찬가지예요. 그리고 또 시간이 많이 지나면 다시 우주의 먼지로 돌아갈 거예요.

가스 원반
주위를 둘러싼 먼지나
가스가 원시별의
자전에 의해 납작한
원반이 돼요.

고온 가스
분출

회전하면 구체가 되면서
원시별이 생겨나요. 원시별은
아직 진짜 별은 아니에요.
원시별은 회전하면서 수축해
밀도가 높아지고 핵융합을
시작해요. 핵융합을 하면서
생기는 고온 가스가 주위의
원반 때문에 두 방향으로
나뉘어 맹렬히 불어 나가요.

고온 가스 바람에 의해 작은
먼지 부스러기와 가스는
대부분 날아가고 남은 원반의
물질들은 수축해 별 주위의
행성 무리가 돼요.

별이 수소를 연료로 안정된
빛을 내면서 일생의 대부분을
살아가요.

사소한 질문들

초판1쇄 발행 2019년 7월 5일
초판4쇄 발행 2021년 11월 29일

글·그림 김은정 | 펴낸이 김남중
디자인 윤현이 | 교정 교열 한지연 | 스캔 예일정판 | 인쇄·제본 현문인쇄

펴낸곳 한권의책 | 출판등록 2011년 11월 2일 제406-251002011000317호
주소 경기도 파주시 노을빛로 109-26 | 전자우편 knamjung@hanmail.net
전화 031) 945-0762 | 팩스 031) 946-0762

김은정 ⓒ 2019
ISBN 979-11-85237-39-8 73400
값 14,000원

잘못된 책은 바꿔 드립니다.
이 책 내용의 전부 또는 일부를 재사용하려면 반드시 저작권자와 한권의책 양측의 동의를 받아야 합니다.

이 도서의 국립중앙도서관 출판예정도서목록(CIP)은 서지정보유통지원시스템 홈페이지(http://www.seoji.nl.go.kr)와 국가자료공동목록시스템(http://www.nl.go.kr/kolisnet)에서 이용하실 수 있습니다. (CIP제어번호: CIP2019025512)